UMA PULGA NA CAMISOLA

❖

O MÁXIMO
DE
MAX NUNES

UMA PULGA
NA
CAMISOLA

❖

O MÁXIMO
DE
MAX NUNES

Seleção e organização:

RUY CASTRO

2ª reimpressão

COMPANHIA DAS LETRAS

Capa:
Carlos Matuck
Hélio de Almeida

Projeto gráfico:
Hélio de Almeida

Preparação:
Márcia Copola

Revisão
Clara Baldrati
Isabel Cury

Dados Internacionais de Catalogação na Publicação (CIP)
(Câmara Brasileira do Livro, SP, Brasil)

Nunes, Max
Uma pulga na camisola: o máximo de Max Nunes / seleção e organização Ruy Castro. — São Paulo : Companhia das Letras, 1996.

ISBN 85-7164-569-8

1. Humorismo brasileiro I. Castro, Ruy, 1948 - II. Título.

96-2376 CDD-869.975

Índices para catálogo sistemático:

1. Humorismo : Século 20 : Literatura brasileira 869.975
2. Século 20 : Humorismo : Literatura brasileira 869.975

1996

EDITORA SCHWARCZ LTDA.
Rua Bandeira Paulista, 702, cj. 72
04532-002 — São Paulo — SP
Telefone: (011) 866-0801
Fax: (011) 866-0814

ÍNDICE

❖

APRESENTAÇÃO

AS DUAS FACES DE UM GRANDE HUMORISTA

❖

Este livro é uma amostra do melhor humor escrito por Max Nunes para o rádio, a televisão e o jornal, dos anos 50 até hoje. O material de "O Primo Rico e o Primo Pobre" é uma montagem de esquetes de várias edições do programa *Balança mas não cai*, da década de 50, na Rádio Nacional. Foram conservadas as referências de época, inclusive de moeda, mas é fácil entender que "quinhentos contos", por exemplo, eram um bocado de dinheiro. Equivaleriam hoje a, pelo menos, 500 mil reais. E você descobrirá onde nasceu a expressão "Quem sou eu, primo!".

Os "Monólogos" que se seguem foram escritos por Max em diversas épocas para atores de rádio e teatro. Já a maioria dos poemas, diálogos e frases da seção "Pulgas na camisola" foi extraída das colunas "Uma pulga na camisola" e "De cá pra lá", publicadas por Max no extinto *Diário da Noite*, do Rio de Janeiro, entre 1954 e 1960. Muitos deles ressurgiram em programas de rádio e de televisão produzidos por Max, sendo até hoje vastamente usados por humoristas avulsos que nem sempre lhe dão o devido crédito.

As crônicas de "Conversas de gente" saíram originalmente na coluna que Max publicou com esse título na *Tribuna da Imprensa* em 1954-5. O caráter lírico e nostálgico de muitas delas justifica que cada uma leve no pé a data de sua publicação. Em contraste com o sarcasmo e a ironia das frases anteriores, essas crônicas falam de um Rio mais ameno e humano e mostram a outra face de todo humorista verdadeiramente grande: a compaixão.

RUY CASTRO

O PRIMO RICO
E O
PRIMO POBRE

Aquele parente muito pobre
vai visitar
aquele parente muito rico.

*

Primo Pobre: Primo, a situação não está boa, não.

Primo Rico: Está péssima, primo. Está horrível, está insustentável!

Pobre: É, primo, mas lá em casa está uma choradeira! Imagine que nós tínhamos um passarinho de estimação. E o meu caçulinha estava com tanta fome que não resistiu: comeu o passarinho.

Rico: Ah, não me fale em passarinhos, primo, pelo amor de Deus. E não se meta a criar passarinhos, que isso só dá desgosto e despesa. Você está se queixando porque perdeu *um* passarinho da sua criação. E eu, que tenho *seis mil* passarinhos, primo! Já gastei com eles mais de quinhentos contos!

Pobre: Quinhentos contos de passarinho, primo?!

Rico: O que é que você está pensando? Só o meu refeitório para passarinhos custou duzentos contos. E o professor de inglês?

Pobre: Inglês pra passarinho, primo?

Rico: Não, pro papagaio. Meu papagaio fala inglês correntemente. Depois: cabeleireiro francês pros meus cachorros. O cabeleireiro tem que cortar, tem que aparar, tem que pentear...

Pobre: Ah, primo, então vou aproveitar e trazer o meu gato pra aparar os bigodes.

Rico: Primo, você fica brincando, mas a situação não está boa, não. Está péssima, execrável, ignominiosa!

Pobre: É. Tá péssima, execrável, leguminosa. Lá em casa, primo, a fome anda rondando, sabe?

Rico: Primo, você está sentindo alguma dor? Você está fazendo umas caretas esquisitas!

Pobre: Ah, é uma dor no estômago...

Rico: Primo, você precisa ir ao médico. Você deve ter alguma coisa no estômago!

Pobre: Quem sou eu, primo, pra ter alguma coisa no estômago!

Rico: Mas, então, por que é que você reclama? Isso já é cacoete de reclamar. Você é feliz!

Pobre: Felicíssimo! Primo, meu destino já está traçado. Nasci pobre e pobre vou morrer.

Rico: Você falou em destino. Me dá aí a sua mão.

Pobre: Primo, o que você vai fazer com a minha mão?

Rico: Eu vou ler o seu futuro pelas linhas da sua mão.

Pobre: Você tá brincando, primo.

Rico: Olha aqui: a linha da sua vida é bastante longa. Você vai viver muito, primo.

Pobre: Primo, você é tão bonzinho!

Rico: E olha aqui: você vai ser muito rico!

Pobre: Quem sou eu, primo!

Rico: Vai ser, sim! Está vendo essa linha aqui, bem pronunciada, bem funda? Pois é a linha da fortuna!

Pobre: Que linha, primo?

Rico: Essa aqui, rapaz!

Pobre: Primo, isso aí é um talho que eu dei numa lata de marmelada que apanhei no lixo!

Rico: Bem, estou falando porque também tenho essa linha da fortuna igualzinha à sua e eu sou rico.

Pobre: Bom, mas você enriqueceu com outras marmeladas...

Rico: Lá vem você com as suas indiretas. Escuta aqui, primo, por que você tanto olha para aquele vaso?

Pobre: Eu estou olhando é pra etiqueta, primo.

Rico: O que é que tem?

Pobre: Sessenta contos por um vaso, primo?!

Rico: Primo, você fala desse vaso com uma indiferença, como se fosse um vasinho qualquer. Isso aqui é Sèvres, é porcelana esmaltada, trabalho de um pintor famoso. Você conhece bem o valor de uma porcelana francesa dessa época? Isso em cima de uma penteadeira é muito decorativo.

Pobre: É...

Rico: Você tem algum vaso de porcelana em cima da penteadeira do seu quarto?

Pobre: Quem sou eu, primo! O único vaso que eu tenho no meu quarto não é de porcelana. É nem fica por cima!

Rico: Lá vem você reclamando de novo.

Pobre: Mas a situação lá em casa não anda boa, não, primo. Os meninos agora estão aprendendo a ler e não me deixam dormir.

Rico: Ué, mas por quê, primo?

Pobre: É que os meus meninos não têm cartilha, sabe? Então, de manhãzinha, os oito bichinhos sobem na minha cama e começam a ler na barra do meu pijama: "Indústria brasileira. Indústria brasileira. Indústria brasileira". E com essa coisa, primo, outro dia acordei parecendo o Adão.

Rico: Por quê, primo?

Pobre: Os meninos levaram a cartilha pro colégio.

Rico: Ah, não me fale em colégio, primo. Você sabe quanto está me saindo cada aula de balé da minha filha?

Pobre: Balé, primo?

Rico: Cinco contos! Foi quanto a professora pediu para ensinar a menina a dançar *A morte do cisne*! Aliás, *A morte do cisne* é encantadora. Você conhece, não é, primo?

Pobre: Primo, nós lá em casa estamos esperando é a morte do urubu.

Rico: Ué, pra quê?

Pobre: Pra comer ele ensopado.

Rico: Pois aí é que está. Qualquer urubu resolve o seu problema. O meu tem que ser resolvido com um cisne. Você é que é feliz!

Pobre: Felicíssimo! Mas a situação não anda boa, não, primo. Nem pão os meninos têm pra esta semana.

Rico: Mas eu não sabia disso, primo. Os meninos sem

pão! E você não me diz nada? Pois todo dia eu dou quase quinze quilos de pão pros meus porcos! Por que você não me falou disso há mais tempo?

Pobre: Primo, quem sou eu pra tirar o pão da boca dos seus porcos?

Rico: Não, senhor! Parente é parente. É pra essas coisas. Você fala comigo. Eu prefiro tirar um pouco dos meus porcos, para alimentar os seus!

Pobre: Primo, você é tão bonzinho!

Rico: Aliás, a começar de hoje, você já vai levar um pouco pra casa!

Pobre: Primo, eu posso levar um porco???

Rico: Que porco, primo? Eu disse "um pouco".

Pobre: Ah, eu logo vi que tinha ouvido mal...

Rico: Que diabo, você ouvia tão bem!

Pobre: É, mas agora estou ouvindo porco. Primo, a situação não está boa, não.

Rico: Não, está péssima, abracadabrante, achavascada, calorífica!

Pobre: Primo, não me fale em calor que você ontem fez uma ingratidão comigo...

Rico: Eu, primo? Qual?

Pobre: É. Você não passou ontem ao meio-dia com o seu cadilaque pela avenida Brasil?

Rico: Passei. Eu resolvi subir para Teresópolis, porque não agüento esse calor aqui do Rio. Mas você me viu?

Pobre: Vi, primo. Eu queria até uma carona. Eu estava me derretendo naquele solzinho do meio-dia. Você não viu um sujeito fazendo sinal, pulando na frente do seu cadilaque?

Rico: Ah, era você? Bem que eu disse pra minha mulher: "Eu conheço aquele miserável não sei de onde!".

Pobre: O miserável era eu, primo. Queria carona pra ir buscar um remédio pra minha mulher, que teve um ataque de insolação.

Rico: Ah, não me fale em insolação, primo, que o meu cadilaque teve um ataque de insolação e começou a ferver na serra.

Pobre: Ah, primo, quem estava fervendo era a cabeça da minha mulher.

Rico: Ela não podia estar fervendo mais que o radiador do meu cadilaque. A tampinha chegou até a pular!

Pobre: Primo, era a tampinha da cabeça da minha mulher!

Rico: Por que que a tampinha da sua mulher é melhor que a tampinha do meu cadilaque? Primo, você reclama sem razão. Eu ando numa situação em que não tenho mais nada. A situação está péssima, periclitante, ignominiosa, sesquipedal.

Pobre: Sesqui o quê? Essa é nova.

Rico: Estou fazendo despesas incríveis. Minha mulher cismou em decorar nossa casa em estilo oriental e, só em tapetes, tendas, veludos, peles, dosséis com brocados e animais da selva, é uma fortuna. O quarto de dormir da minha mulher, por exemplo, representa uma tenda de marajá.

Pobre: Marajá, primo?

Rico: Sim, marajá. É o título que se dá aos príncipes da Índia. Por que você pergunta? Você, na sua casa, tem alguma coisa de tenda de marajá?

Pobre: Nem de maracujá, primo.

Rico: Mas o quarto de dormir é maravilhoso. Aliás, a minha mulher teve muito gosto. E que espetáculo bonito, aqueles pretos fortes, de tanga, de torso nu, abanando a minha mulher com grandes leques de pluma...

Pobre: Primo, eu achava melhor você botar um ventilador no quarto...

Rico: Que ventilador! Você não entende de decoração, primo. Ventilador, qualquer sujeitinho com dois mil, três mil contos, tem. Eu, não. Eu quero mostrar que sou mesmo rico. Quanto você pensa que ganha cada negro desses pra abanar?

Pobre: Primo, eles ganham pra abanar???

Rico: É claro! Eles ganham cinco mil cruzeiros cada um!

Pobre: Primo! Não tem um lugar lá pra eu dar uns soprinhos, não? Eu também abano, primo!

Rico: Ah, primo, não seja ridículo! Você já se imaginou de tanga e torso nu abanando? E você tem físico pra isso?

Pobre: Bom, pelo menos a tanga eu já tenho. E a situação não tá boa, não.

Rico: Está péssima, abracadabrante, crocodilácea!

Pobre: Esse nego aqui ganhando cinco mil cruzeiros por mês pra abanar e eu lá em casa, de mãos abanando e nem cinco pra comprar remédio...

Rico: Mas você não me disse nada! Eu não sabia! Parente é parente!

Pobre: Então eu vou aproveitar para...

Rico: Mas não agora, é claro, porque eu estou ocupado com a decoração. Quem é que está doente na sua casa? É um dos meninos?

Pobre: Não.

Rico: Sua mulher?

Pobre: Não. É pior. É a Ximbica.

Rico: Quem é a Ximbica?

Pobre: É a minha galinha, primo.

Rico: Ora bolas, o que foi que aconteceu com ela?

Pobre: Ah, primo, eu nem posso falar. As lágrimas me embargam a garganta e os soluços me saltam dos olhos. Me empresta o lenço.

Rico: Limpa aí nesse pano de chão.

Pobre: Primo, você é tão bonzinho! Imagina que a minha querida Ximbica, com esse calor desgraçado, fraquinha da maneira que tá, resolveu, só pra me dar um prazer na vida, botar um ovo.

Rico: O quê, senhor?

Pobre: Eu bem que disse a ela: "Não faça isso, minha filha! Te segura! Tu não tem preparo físico pra isso!". Mas ela é teimosa.

Rico: Botou o ovo?

Pobre: Primo, que horror! Você precisa ver como a pobrezinha está de olheiras!

Rico: Ótimo, ótimo! Quer dizer que vamos ter grandes omeletes?

Pobre: Quem sou eu, primo, pra fazer omelete?

Rico: Então fez uma gemada...

Pobre: Primo, então eu ia tomar uma gemada do meu neto?

Rico: Que neto?

Pobre: Ximbica é minha filha, primo! Tadinha, tão fraquinha. Olha aqui o retratinho dela.

Rico: Mas ela tem um caroço na cabeça! O que é isso? Deve ter levado alguma pancada. Não é um galo?

Pobre: Fraquezas sentimentais. Toda galinha tem um galo na cabeça. Será, primo, que você não me arranja um daqueles negros que abanam a sua mulher, pra dar um ventinho na Ximbica?

Rico: Ora, primo, não seja ridículo. Então eu vou estragar a decoração da minha casa, tirar da tenda de marajá do dormitório da minha mulher um negro que me custa cinco mil cruzeiros e ainda trabalha por caridade, pra abanar uma galinha?

Pobre: Ué, primo, o que que tem? É só mais uma.

Rico: Mais uma o quê??? Mais uma o quê???

Pobre: Você não me deixou acabar de falar. Mais uma caridade que você me faz!

E aquele parente cada vez mais pobre
volta a visitar
aquele parente cada vez mais rico.

*

Primo Rico: Primo! Primo! Onde é que você está?

Primo Pobre: Estou aqui debaixo da mesa, primo. Já estou saindo.

Rico: O que é que você está fazendo debaixo da minha mesa?

Pobre: Eu estava apanhando uns farelinhos, primo. Nem ouvi você chegar.

Rico: E nem podia ouvir. Com esses tapetes de oito centímetros de altura, é impossível ouvir passos.

Pobre: É. Esses tapetes são tão altos que eu me lembro logo lá de casa.

Rico: Ué, na sua casa tem tapete alto assim?

Pobre: Quem sou eu, primo! É o capim, que já está mais ou menos nessa altura. Já está entrando pela casa. A situação não está boa, não, primo.

Rico: Ah, está péssima. Está purpurácea. Ignóbil. Crocodilesca.

Pobre: Primo, você dá licença de eu me sentar? Tou tão cansado.

Rico: Você trabalhou muito ontem, é?

Pobre: Fui a um casamento com os meus meninos.

Rico: Ah, bravos, estamos melhorando! Já vamos a casamentos! E com os oito meninos!

Pobre: É, eles foram pra me ajudar.

Rico: Ajudar? E não bastava você para cumprimentar os noivos?

Pobre: E quem sou eu, primo, pra cumprimentar noivos? Eu agora vou a todo casamento.

Rico: Mas para quê?

Pobre: Pra apanhar arroz. Eu levo os meninos. Enquanto o pessoal fica sacudindo arroz nos noivos, eu e os meus oito bichinhos ficamos no chão catando arroz. Levo um saco e volto de saco cheio.

Rico: Veja você! E não paga um tostão! Você é que é feliz!

Pobre: Felicíssimo!

Rico: Pois eu gasto fortunas comprando arrobas de arroz!

Pobre: Ah, roubas arroz?

Rico: Arrobas *de* arroz! Sim, porque os meus cachorros só comem arroz de camarão, arroz de forno, arroz com peru...

Pobre: É arroz pra cachorro, hem?

Rico: Primo, quer me fazer um favor? Quer tirar a sola do sapato de cima do forro do meu *maple*? Sola de sapato não é pra passar em cadeiras caríssimas como essa, não.

Pobre: Que sola? Meu sapato nem tem sola!

Rico: Não tem sola?

Pobre: É só o casco, primo. Esse sapato está de tal jeito que, quando eu piso num níquel, eu sinto se é cara ou coroa.

Rico: Mas que diabo! Eu não sabia disso! Precisamos providenciar com urgência uns tamancos pra você!

Pobre: Você é tão bonzinho, primo!

Rico: Mas que bobagem. Parente é pra essas coisas. E com os tamancos você não fica com o pé tão sujo. A gente pode ser pobre, mas limpo.

Pobre: Primo, mais *limpo* do que eu é difícil. É que o poço de água lá de casa entupiu com uma barreira que caiu. Aliás, sobre isso eu queria falar com você...

Rico: Primo, eu não sei o que é, mas não posso lhe arranjar nada neste momento. E nem me fale nesse problema de poço de água, porque é o meu problema atual. Estou construindo um banheiro de luxo para receber as minhas visitas de cerimônia, que está me saindo uma fortuna. Calculo gastar nesse banheiro uns oitocentos contos.

Pobre: Oitocentos contos, primo? É muito zero pra um banheiro!

Rico: Mas não é um banheiro à-toa, não! Aliás, aqui no Brasil, só eu e o Matarazzo temos um igual: todo de mármore, aquele mármore verde, de Carrara. Isso, nas paredes do vestíbulo do banheiro.

Pobre: Ah, tem sala de espera o banheiro?

Rico: Claro! E dois telefones. A banheira é de ônix, aquela pedra negra. As torneiras também são negras. E espelhos venezianos em todas as paredes e inclusive no teto.

Pobre: Ah, você gosta de ver tudo, não é?

Rico: E ainda tem o boxe. Mandei colocar dezesseis duchas em círculo. Você abre o chuveiro e toda a parede esguicha em você.

Pobre: Já estou me sentindo todo espetado!

Rico: Espetado estou eu, com essa despesa monstruosa. Mas o que se vai fazer? *Noblesse oblige!* Nós, os milionários, precisamos fazer essas coisas. É o que distingue os mais afortunados. Qual é o pobre que pode fazer um banheiro igual a esse?

Pobre: É. Mas estou aqui numa dúvida. Você só falou em banheiro, chuveiro, boxe. Mas rico usa aquelas outras pecinhas do banheiro também, não é? Não é diferente, não, né?

Rico: Hum! Primo, mudando de assunto, como vão as coisas na sua casa?

Pobre: Não tá bom, não, primo.

Rico: Por aqui também não. A situação está péssima. Ignóbil, abracadabrante, crocodilesca. Escalafobética! Mas eu me preocupo com você. Afinal, somos do mesmo sangue. Meu pai tinha o mesmo sangue que o seu pai.

Pobre: É, primo, mas você ficou com o sangue todo. Outro dia fui fazer um exame para saber quantos glóbulos vermelhos eu tinha.

Rico: E qual foi o resultado? Quantos milhões de glóbulos?

Pobre: Quem sou eu pra ter milhões, primo? O resultado deu um glóbulo.

Rico: Só um???

Pobre: É. Ele dá sozinho a volta no meu corpo. É por isso que eu estou sempre tão fraco e com fome. Aliás, lá em casa, sustentar aqueles meninos é que tem sido a minha dor de cabeça.

Rico: Não me fale em dor de cabeça, primo, que eu tive uma de rachar na noite passada. Acho que foi do fígado, por causa de umas rãs à dorê que eu comi no jantar.

Pobre: Rã à dorê?

Rico: Sim, por quê? Você também come rã à dorê?

Pobre: Primo, quem sou eu pra comer rã à dorê? Lá em casa eu ando de olho é numa lagartixa. Que culpa tenho eu de ser pobre?

Rico: Tem muita. As situações aparecem e você não se agarra a elas. Quando as situações aparecem, você deve se agarrar a elas com unhas e dentes.

Pobre: Você quer dizer: com unhas e gengivas.

Rico: Está vendo? É outra prova de relaxamento seu. Se você fosse ao dentista de três em três meses, não acontecia isso. Ou se fizesse como minha mulher, que toda semana vai ao dentista.

Pobre: Sua mulher vai toda semana ao dentista?

Rico: Vai. Minha mulher é muito vaidosa, gosta de ter dentes bonitos. Ela é tão vaidosa que, quando tira radiografia dos dentes, manda retocar antes de mostrar ao dentista!

Pobre: Não diga, primo!

Rico: Em parte eu dou razão a ela. É uma mulher muito bonita, muito risonha, está sempre se abrindo!

Pobre: Eu sei, primo...

Rico: Como é que você sabe?

Pobre: São os seus amigos que falam...

Rico: Ah, sim. Realmente, ela é muito dada!

Pobre: Muito...

OS MONÓLOGOS DE MAX

A MOMOLÂNDIA

. . . . .

Não sei se vocês já leram ou ouviram alguma coisa sobre a Momolândia, um país que afundou no oceano Atlântico há milhares e milhares de anos. Ninguém sabe ao certo como seu povo foi dizimado. Entre os documentos encontrados no cofre de um banco arrombado, há um que fala sobre uma terrível epidemia chamada *salarite minimus,* que quase dizimou todo o seu povo — salvou-o o Rhum Creosotado.

Outra grave moléstia, que freqüentemente atacava o sistema nervoso do momolandiano, era a chamada *politicomielite,* causadora da devastadora *paralisia estatal.* Mas a saúde do povo era uma preocupação constante das autoridades, que instituíram a "medicina de grupo". Tanto que, pela manhã, ficavam grupos de doentes nas filas, esperando pelos médicos.

A justiça da Momolândia era implacável: quem cometia um crime era preso e assim ficava até o dia do julgamento, quando era posto em liberdade.

Na Momolândia, todos nasciam iguais perante a lei, mas esse problema eles conseguiram resolver. As leis proibiam também que os naturais da terra carregassem dinheiro — só os estrangeiros podiam carregar o dinheiro dos momolandianos. A poligamia era severamente proibida. Só era permitida a monogamia, regime no qual um homem podia ter várias esposas, sendo que, sua mesma, só uma.

A fauna da Momolândia tinha apenas 25 bichos, que, à tarde, subiam pelos postes. Mas há uma lenda que fala num tipo de tubarão, perigosíssimo, que, em vez de viver no mar, vivia no comércio da terra.

Uma das maiores riquezas do país era o petróleo. Sua procura era uma verdadeira obsessão. Por isso havia enormes buracos em todas as ruas e em todas as estradas.

Apesar de ser um povo muito religioso, o momolandiano não freqüentava as igrejas. Preferia rezar nos supermercados. Olhava para os preços super-remarcados e orava: "Ave Maria! Nossa Senhora! Meu Jesus! Santo Deus!". A santa padroeira da Momolândia era a santa Paciência.

Engenheiros da Momolândia puseram em prática um engenhoso plano rodoviário: abriram uma grande estrada, no meio de uma densa floresta, para que as pessoas pudessem passar por ela de avião.

O momolandiano era um povo pacífico, de boa índole, nada vingativo. Quando alguém o explorava, ele não pagava na mesma moeda. Pagava em dólar. E era um povo muito sensível: quando encontrava uma galinha preta atravessada numa encruzilhada, acendia logo uma vela.

Tudo na Momolândia tinha um lado bom, a não ser

as mulheres, que tinham dois. A educação é que era problema: as escolas caríssimas, o material escolar pela hora da morte. Basta dizer que o material escolar mais barato era o professor.

O solo da Momolândia era extremamente montanhoso, sendo que o monte mais importante era o monte Inflação, cujo pico era muito alto.

Na Momolândia, tanto o trânsito como os refrigerantes eram engarrafados. Sendo o povo de espírito altamente inventivo, os momolandianos inventaram, entre outras coisas, o automóvel sem vaga, o telégrafo sem troco e o policiamento sem soldado. Cultivavam o diálogo: podia-se falar com qualquer pessoa, menos com o motorista, e nunca explicaram por quê. O problema da empregada doméstica não existia. Existia, sim, o problema da patroa, que não achava empregada de jeito nenhum.

Afirmam os pesquisadores da Momolândia que, um dia, um rei, vindo de longe, resolveu decretar a abertura dos portos às nações amigas, permitindo assim a invasão de uísques, relógios, cigarros, perfumes, carros e filmes pornográficos, com graves prejuízos para a indústria do país.

Politicamente, a Momolândia era dividida em estados: estados menores e estados maiores. E o estado que mandava era sempre o Estado-Maior.

Diz a História que a Momolândia ficou independente no dia 7 de setembro de 1822. Mas isso é história...

JUSTIÇA AOS CAVALOS

. . . .

Se o Brasil é hoje grande, independente, republicano e não anarquista, tudo isso devemos aos grandes vultos da nossa História. Mas também a um personagem injustamente esquecido, que é o cavalo. A não ser Pedro Álvares Cabral, que aqui chegou montado numa caravela, todos os grandes lances da nossa História tiveram a colaboração do cavalo.

D. Pedro I: "Independência ou morte!". Onde é que ele estava quando deu esse grito? Montado num cavalo. O tal grito, se tivesse sido dado com d. Pedro a pé, não teria tido a menor repercussão. Nem teria sido ouvido. No entanto, ninguém sabe nada a respeito desse cavalo. Pelo menos as ferraduras e um tufo do rabo desse patriota deviam estar em lugar de honra no Museu da Independência. E qual era a cor do cavalo? Ninguém sabe. Agora, qual é a cor do cavalo branco de Napoleão? Até criança responde.

E o grito de Deodoro, "Viva a República!"? Foi dado em cima de um cavalo que continua anônimo. Já o nome de Incitatos, o cavalo do imperador romano Calígula, está em todas as enciclopédias.

E o nome do cavalo que os gaúchos amarraram no obelisco do Rio de Janeiro em 1930? Quem é que sabe?

O nome do obelisco, todo mundo sabe: é obelisco mesmo. Mas o do cavalo continua ignorado.

Se os brasileiros não querem dar nome aos seus cavalos, que, pelo menos, nesses tempos de corrupção, dêem nome aos bois.

EDIFÍCIO VIDA MANSA

. . . .

Como a maior parte do nosso povo, eu também ainda não pude comprar minha casa. Estou morando como inquilino no Vida Mansa, um edifício de dezoito andares, com dez apartamentos por andar, o que dá um total de 180 moradias, abrigando 180 famílias.

Calculando-se em 89% o número de casais que moram com as respectivas sogras, temos 160 sogras residindo no Edifício Vida Mansa. Estatísticas provam que 100% de todas as sogras brigam com os genros e vice-versa. Sendo assim, são 160 brigas entre sogras e genros que se engalfinham todas as noites.

Sabendo-se que, durante esses arranca-rabos, ficam soltos no ar uma média de quinze palavrões por briga, são computados 2400 palavrões borboleteando pelo ar como pipas sem rabo. No bojo desses 2400 palavrões, a tradição oral inclui a mãe em pelo menos 80% dos casos. Temos assim 128 mães devidamente xingadas.

Segundo registros policiais, durante esse tipo de conflito 10% das sogras são arremessadas pelas janelas, do que resulta que dezesseis dessas nobres senhoras são vistas todas as noites voando pelos ares como objetos não identificados.

Dos 180 apartamentos referidos, 75% possuem cachorro. Portanto, são 135 cachorros, das mais variadas raças. Segundo um veterinário que mora no prédio, cada cachorro pode servir de meio de transporte para, pelo menos, seiscentas pulgas. Temos assim 135 vezes seiscentos, o que dá um total de 81 mil pulgas soltas pelo edifício.

Uma pesquisa feita por uma dessas revistas masculinas mostrou que, nesses 180 apartamentos, habitam 35% de viúvas recentes, descasadas em disponibilidade, mocinhas liberadas e coroas livre-atiradoras, somando portanto 63 unidades dessas interessantes espécies. À caça de tão atraentes criaturas, depois da meia-noite, um número nunca inferior a 25 ansiosos galãs motorizados pára diante do prédio, convocando-as através de suas buzinas. Calculando-se que cada um desses nervosos galãs toque pelo menos trinta vezes a buzina, temos 750 buzinaços por noite.

Dos 180 moradores, 90% têm empregada. Noventa por cento de 180 são 162 domésticas, entre escurinhas, mais escurinhas, bem mais escurinhas, brancas, quase brancas e louras sararás. Dessas 162, 80%, portanto, 129, namoram guapos rapazes das nossas briosas forças armadas, que desfilam todas as noites pelas calçadas do edifício como numa grande parada militar.

Edifício Vida Mansa: que tranqüilidade!

Me mudo amanhã para debaixo da ponte.

REABILITAÇÃO DO Y

. . . .

O Brasil está vivendo a era das campanhas: campanha contra a fome, contra a impunidade, contra a corrupção, contra a seca, contra o analfabetismo, contra a violência. Todas muito úteis. Mas devíamos pensar também em campanhas inúteis, que tanto faria se existissem ou não. Pois eu lanço daqui a primeira campanha inútil: pela reintegração do Y ao nosso alfabeto.

Por que deixar de fora uma letra tão simpática, que, durante tantos e tantos anos, ocupou com destaque as páginas dos jornais, das revistas, os textos dos discursos políticos e das cartas de amor? E que ajudou a divulgar toda a nossa literatura? Portanto, a reintegração do Y, afastado pela reforma ortográfica de 1943, será um ato de inteira justiça.

Até 1943, o Y fazia parte do Itamaraty, freqüentava Nictheroy e, durante a Guerra do Paraguay, freqüentou não só o Paraguay como a Batalha de Tuiuty. Não queremos, de modo algum, com essa campanha inútil, o esvaziamento do I, uma letra honesta e de personalidade. Mas façamos justiça: a I o que é de I e a Y o que é de Y. Queremos ver de novo o Y no tronco do ypê, no vôo da jurity, no perfume do lyrio, na alvura dos cysnes e na sonoridade das lyras.

Para a reintegração do Y ao alfabeto, já contamos com o apoio de vários estados, como o Piauy, a Parahyba, Sergype e Goyaz. E, no plano internacional, estão apoiando a nossa campanha inútil o Uruguay, o Paraguay e o Egypto, que, além da reintegração do Y, também pugna pela reabilitação do P mudo. Mas isso fará parte de uma outra campanha.

Não há dificuldade alguma em trazer o Y de volta ao convívio fonético. Bastará para tanto afastar um pouco o X para a esquerda e dar um empurrãozinho no Z para a direita, para que o Y retorne ao seu lugar de direito.

Tenho certeza de que estarão a favor de nossa campanha inútil todos os Arys, os Raymundos, as Yaras e as Yolandas; a turma do *Guarany*, com a dupla Pery e Cecy; e ainda a tribo dos aymorés, incluindo-se aí tanto os índios como os biscoitos. Avante, pois, campanha inútil! Tudo pela reabilitação do Y!

Tenho recebido centenas, milhares de telegramas e cartas de apoio dizendo: "Parabéns, dr. Rui! Conte comigo, dr. Rui! Não esmoreça, dr. Rui". A todos agradeço e esclareço: meu nome é Rui, com I, não Y.

SE...

. . . .

Um dos poemas mais conhecidos é o "Se...", de Rudyard Kipling, em que um pai diz a um filho o que é necessário para ele se tornar um homem. Mas isso foi em 1910. Como seria hoje o homem de Kipling?

Meu filho:
Se és capaz de usar uma peruca
De caracóis dourados sobre a cuca
E manter a aparência dos esnobes
Ao dormir com uma touca sobre os bobs;
Se és capaz de rodar uma bolsinha,
Segurando-a com charme, pela alça,
Em lugar de levar a carteirinha
E o dinheiro guardados em tua calça;
Se és capaz de levar sobre o pescoço
Colares e medalhas como adornos,
Usar calças bem justas e bordadas,
Que acentuem por trás os teus contornos;
Se és capaz de vestir essas camisas
Com frases pelas costas e abdômen
E, corajoso, nem te ruborizas,
Então, sim, filho meu,
Serás um homem.

PULGAS
NA
CAMISOLA

ALIMENTAÇÃO

. . . .

Atenção, senhores, atenção,
Cuidados tenham com a alimentação:
No seu bife, na massa, na fritada,
De cambulhada assim com a vitamina,
Há um veneno pior que a estricnina,
Pior que formicida e metanol:
Cuidado, gente, com o colesterol!

É alta ou baixa a sua taxa?
Que vale pra você de amor andar caindo,
Se o seu colesterol anda subindo?
Depois que descobriram o tal colesterol
O mundo já não come, passa fome.
Colesterol gerou uma psicose:
Cuidado com a trombose,
Olha a arteriosclerose.
É dose.

Na gema amarelinha do ovo de galinha
Só tem colesterol, se sabe agora.
Por isso é que a galinha, de manhãzinha,
Bota o ovo fora.
Cuidado com as gorduras, com as frituras,
Que estouram o coração das criaturas.
Não coma mais fritada, nem rabada,
Adeus pra presuntada, às favas feijoada,
Enfim, não coma nada!

Prefira a vida ativa, primitiva.
Bem cedo a canela espicha
Quem come muita salsicha.
Vá de fruta e de verdura
Se não quiser ir cedo pro buraco.
Colesterol não me pega:
Vou voltar a ser macaco.

AMOR

. . . .

***O amor é um sentimento tão sublime
que faz com que uma
secretária se case com o patrão
e passe a trabalhar para ele
o resto da vida sem receber salário.***

❦

**Teu coração, Guiomar,
Terá quarto pra alugar?
Será que não vai vagar
Pro mês ou mesmo pro ano?
Te dou carta de fiança,
Contrato,
Desconto em folha
E, pra maior segurança,
Eu levo pra fiador
Esse desejo que eu tenho
De me tornar teu amor.**

ANATOMIA

. . . .

Os anatomistas dividem o corpo humano em três partes. Os motoristas de lotação dividem em muito mais.

★

Os filmes de Brigitte Bardot são muito instrutivos. Ou a anatomia já deixou de ser uma ciência?

★

Todo rapaz bem masculino, bonitão e saudável tem pernas iguaizinhas às da Rachel Welch — isto é, duas.

★

Vedete: **Doutor, preciso viajar e tenho que me vacinar. Mas, como sou vedete do teatro rebolado, queria ser vacinada num lugar em que não aparecesse a marca da vacina.**

Médico: **Nesse caso, só bebendo a vacina.**

★

Não há turismo
Por dentro do organismo.
E assim não posso ver —
Nem conhecer —
Meu cérebro,
Meu cerebelo,
Chegar pra ele e dizer:
"Prazer em conhecê-lo";

Ver coronárias e colaterais,
Bater um papo com as supra-renais,

❖

A prova de que a natureza é sábia é que ela nem sabia que iríamos usar óculos e notem como colocou nossas orelhas.

Me desculpar com o fígado, coitado,
Tantas vezes por mim engordurado;
Seguir pelo caminho das pedras da vesícula,
Ver a tripinha do apêndice, ridícula;
Subir a escadaria das costelas
Contando, pra saber, quantas são elas;

Abrir a veia porta e visitar a aorta,
Entrar pelas aurículas,
Descer pelos ventrículos
E ir até o baço
Levar o meu abraço;
Arriscar uma gripe no pulmão
E agradecer, por tudo, ao coração.

No estômago, parar para almoçar
E experimentar um suco que é fantástico:
O suco gástrico.
E andar, brincar, rodopiar
Em torno da coluna vertebral,
Que foi, em tempos idos, vertical;

Seguir pro duodeno,
Atravessar o "transverso",
Tão rico em fauna,
Tão rico em flora,
E chegar afinal ao meu destino:
O fim do intestino —
E cair fora.

Era o menor homem do mundo. Os próprios anões o chamavam de anão.

AZAR

. . . .

Era tão azarado que, se quisesse achar uma agulha no palheiro, era só sentar-se nele.

*

Um amigo meu foi a Hollywood e, conhecendo as dez estrelas do cinema, escolheu para namorar justamente a que não tomava banho.

BALÉ

. . .

A prova de que o balé dá sono na platéia
é que os artistas entram sempre na ponta dos pés.

BEBUNS

. . . .

Conhecido diplomata brasileiro acaba de escrever um livro intitulado *O alcoolismo em três tomos.*

Tomo I: *Tomo uma cachaça.*

Tomo II: *Tomo duas cachaças.*

Tomo III: *Tomo três cachaças.*

*

O famoso explorador inglês bebia tanto que, quando os antropófagos o almoçaram, não tiveram uma indigestão.

Tiveram uma bebedeira.

*

Padre: Meu filho, por que você não aparece na minha igreja?

Bêbado: Porque lá é só o senhor quem bebe.

★

Guarda: Abraçando o coqueiro?
Bêbado: Sim, senhor, seu guarda.
Guarda: Está bêbado, não é?
Bêbado: Não, senhor. É que hoje é o aniversário dele.

❖

Bebum 1: Vamos tomar um uísque?
Bebum 2: Ótima idéia.
Bebum 1: Mas da próxima vez faço absoluta questão de pagar!

O capitão de um navio escreveu no seu diário de bordo: "Hoje o imediato apareceu bêbado".

Passada a bebedeira, o imediato suplicou ao capitão que não registrasse o fato. Mas o capitão foi implacável: "Neste diário só escrevemos a verdade".

Na semana seguinte chegou a vez de o imediato tomar conta do diário de bordo, no qual consignou: "O capitão hoje não estava bêbado".

★

Chove.
A natureza está chorando
E atirou lágrimas na minha janela.

Nós dois estamos tristes, pessimistas.
Por certo as causas não serão as mesmas.
Os pingos, vagarosos como lesmas,
Lambem itinerários na vidraça.
Um dedo de cachaça pra ver se a chuva passa!

E ela não veio.
E, com esse tempo, creio, me dará o bolo.
E eu aqui dentro, preso como um tolo.
Minha vontade é acabar com a vida:
Revólver, formicida, qualquer coisa, afinal,
Que me perfure ou me corroa... mas não doa!
Eta mulherzinha à-toa, sem moral, sem palavra,
Cretinaça!
Dois dedos de cachaça pra ver se a chuva passa!

Formicida eu não tomo, é morte arcaica.
Não conheço coisa mais prosaica
Que um sujeito mandar para a barriga
Uma fórmula de química estrutura
Que os que protegem a nossa agricultura
Só inventaram pra matar formiga.
Pra que eu exale o último suspiro,
Nada melhor, mais rápido, que um tiro:
Com um balaço na parte abdominal,
Eu promovo a mixórdia visceral
Capaz de me arrancar dessa desgraça.
Seis dedos de cachaça pra ver se a chuva passa!

E ela não veio.
Porém, não é por vergonha, amor-próprio,
Doença ou honestidade.
Não! Que ingenuidade!
Ela não vem de maldade, de pirraça!
Dez dedos de cachaça pra ver se a chuva passa!

E passou! Passou a chuva, de repentemente.
Ela vem por aí, naturalmente,
Com uma mentira pronta pra mentir.
Mas eu não quero mais, de modo algum.
Mas a chuva passou e ela não tarda.
E, assim que ela chegar, irei de mão armada,
Pois não posso conter minha revolta.
Um copo de cachaça pra ver se a chuva volta!

E ela não vem.
Mas ela quem?
Eu não marquei encontro com ninguém!
Que faz na minha frente o formicida,
Por que na minha mão esse trabuco?
Um litro de cachaça pra deixar de ser maluco!

❖

BEIJO

O beijo nada mais é do que uma contração da boca provocada por uma dilatação do coração.

BELEZA

. . . .

O espelho é um objeto parecidíssimo com você.

★

Esse sorriso tão lindo que você tem é seu mesmo ou é patrocinado por algum creme dental?

As duas mulheres se pareciam tanto que todos pensavam que fossem gêmeas.
Mas não: eram clientes do mesmo cirurgião plástico.

Se o Criador caprichasse um pouquinho mais no trabalho, os cirurgiões plásticos seriam perfeitamente dispensáveis.

★

Não é que as moças de hoje sejam mais bonitas. É que as de ontem já deixaram de ser.

BINÓCULO

. . . .

Binóculo é aquele instrumento que tem dois olhos numa ponta e a janela da vizinha na outra.

BIOLOGIA

. . . .

Biologistas que estudam o assunto ponderam que um casal estéril geralmente transmite essa deficiência aos filhos.

BOTÂNICA

. . . .

O abacaxi é uma variedade de ananás muito encontrada no cinema nacional.

★

O coqueiro é a girafa vegetal.

★

O caqui não passa de um tomate diabético.

BRASIL

. . . .

O problema não é o Brasil ser um vasto hospital. O pior é que não tem remédio.

★

Se o Brasil foi descoberto em 1500, por que continuamos de tanga?

❖

Por que Cabral gritou "Terra à vista"?
Porque naquele tempo não havia nada a prazo.

O azar do Brasil foi ter sido descoberto por um estrangeiro.

★

Só agora, depois de quatrocentos anos de apatia e indolência, é que o nosso povo resolveu se mexer um pouco. E, assim mesmo, graças ao bambolê.

⋆

Na verdade, desde o tempo de Tiradentes que andamos com a corda no pescoço.

❖

Patriota otimista é aquele que se vira para o outro e diz, cheio de convicção: "Você vai ver o Brasil daqui a cem anos".

O Brasil em technicolor:
O homem do campo: é amarelo.
O pedestre: é branco (de susto).
A honestidade: azulou.
Tudo o que era promessa: é cinza.
A situação: é preta.
Quem reclama: é vermelho.
Mas há muita gente para quem a vida é: cor-de-rosa.

BRASÍLIA

. . . .

Se o pneu de seu carro furar em plena estrada Belém—Brasília, e se o senhor estiver sem macaco, não se afobe: apanhe um deles numa árvore.

⋆

Daqui a dez anos, quando a seca tiver acabado com os nordestinos, quando todas as crianças estiverem analfabetas por falta de escola, quando a esquistossomose houver dizimado o homem do campo e quando um quilo de feijão estiver custando os olhos da cara, é que vamos dar razão aos que afirmam que Brasília não é um sonho, mas uma radiosa realidade.

❖

Em Brasília, quem não
é da panelinha é da marmita.

BUROCRACIA

Para resolver as coisas vagarosamente, não se conhece nada mais ligeiro.

BURRICE

Mais cedo ou mais tarde, toda burrice paga imposto.

⋆

Quem pede a palavra nem sempre a devolve em condições.

⋆

Qualquer burrice que você escreva, haverá sempre um clássico para te apoiar.

CACHORRO

Quando um cão abana o rabo
Veja que idéia mais tosca:
Está cheio de alegria
Ou está cheio de mosca.

★

No Nordeste, a seca é tão braba que são as árvores que correm atrás dos cachorros.

CARROS

Comprador: **Eu gostaria de ver alguns carros de segunda mão realmente bons.**

Vendedor: Eu também.

★

A prova de que o trânsito está cheio de barbeiros é que não temos mais o forde-de-bigode.

★

O jipe é o maior esforço feito pelo homem para chegar à mula mecanizada.

❖

*Motor de quatro tempos é aquele que,
quando sofre um desastre, acaba em dois tempos.*

O Brasil tem 8 milhões e 525 mil quilômetros quadrados de superfície. É um bocado de terra. Terra pra ninguém botar defeito. Mas não tem vaga pro meu carro. Dentro do Brasil dá pra estacionar a Inglaterra com o Big Ben, a rainha e a lady Di; dá pra estacionar a Alemanha, a Bélgica, a Grécia com todos os zorbas e mais o arroz à grega, a Itália com todos os seus papas e mais o Pavarotti, a França com os seus diversos queijos e mais os ex-maridos da Brigitte e a Argentina com a sua invejável coleção de tanguistas de porre e mais todos os discos do Gardel — mas não tem vaga pro meu carro.

Carnaval! Como aparece espaço no Carnaval! Tem espaço pra bloco, pra rancho, pra desfile de escolas de samba, cada uma com mais de 10 mil passistas e não sei quantos bicheiros — mas não tem vaga pro meu carro. E o Brasil, insisto, tem 8 milhões e 525 mil quilômetros quadrados!

Agora vejam o meu azar: se o Brasil, além desses 8 milhões e 525 mil quilômetros quadrados, tivesse apenas mais um metro, já tinha vaga pro meu carro.

CASAMENTO

Era uma noiva sincera. Virou-se para o noivo e confessou: "Meu bem, eu te amo tanto, gosto tanto de ti, estou tão apaixonada por ti, que estou doida pra me casar e acabar com isto!".

*

Quando o noivo ameaçou desmanchar o casamento por não concordar com o maiô da moça, ela se justificou: "Que bobagem, Raul, brigar comigo por uma coisa tão pequena!".

❖

O grande erro dos que juntam
dinheiro para se casar é que juntam
o dinheiro e se casam mesmo.

O casamento é como a pessoa que quer tomar um copo de leite e compra uma vaca.

***Evolução do casamento*:**
***Primeiro ano:* "Mulher, me dá um beijo".**
***Segundo ano:* "Mulher, me dá um abraço".**
***Terceiro ano:* "Mulher, me dá uma folga!".**

★

Era um marido valente: quando a esposa mandou que ele fosse vestir o avental de listras vermelhas para lavar a louça, rebelou-se, brigou, discutiu, disse que não e, para demonstrar de uma vez por todas a sua autoridade, foi lavar a louça com o avental de bolinhas verdes.

★

— Ah, seu cretino, sem-vergonha, canalha, cafajeste! Se eu não fosse sua esposa, diria tudo o que penso de você!

★

E só porque a sogra o mandou para o raio que o parta, ele se achou no direito de mandá-la para o raio X.

★

O casamento é o único jogo que acaba mal sem que ninguém ponha a culpa no juiz.

★

Médico: Todas as manhãs tome uma xícara de água morna.

Cliente: É justamente o que faço há mais de quinze anos. Minha mulher é que insiste em dizer que é café.

★

Os homens casados se dividem em três categorias: os polígamos, os bígamos e os chateados.

★

Quando uma mulher diz "não" a primeira vez, "não" a segunda vez e "não" a terceira vez, com toda a certeza ela já é a sua mulher.

★

Minha mulher viaja muito e só passa um mês na minha companhia. Sei que é chato, mas um mês, graças a Deus, passa depressa.

★

Lugar de bígamo não é na cadeia. É no hospício.

O desquite é um fenômeno matemático. É o único caso em que dois dividido por dois dá quatro.

$$2 \div 2 = 4$$

CATÁSTROFES

Quando o vigia percebeu que a fábrica de picolé estava pegando fogo, discou para os bombeiros e disse muito acertadamente: "Depressa! Incêndio na fábrica de picolé! O fogo está lambendo tudo!".

★

Coisas que derrubam coisas:

O que derruba o governo: revolução.
O que derruba o poste: lotação.
O que derruba o pedestre: contramão.
O que derruba o malandro: cachação.
O que derruba o samba: baião.
O que derruba o aumento: patrão.
O que derruba o Vasco: milhão.
O que derruba o morro: caminhão.
O que derruba o povo: eleição.
O que derruba a polícia: ladrão.
O que derruba o grã-fino: pifão.

❖

Espeto mesmo é ser professor de geografia no Japão: toda vez que acontece um terremoto, ele tem que estudar tudo de novo.

CENSURA

. . . .

Ode ao censor

Senhor censor,
Faça o favor
De ver aí
Se tem à mão
O artigo da nossa Constituição
No qual é permitida
E garantida
A liberdade de expressão.
Se viu
E conferiu,
Risque-o a vermelho,
Cuidadosamente,
E adormeça depois,
Tranqüilamente.

O senhor que é censor
De largas vistas
Descobriu,
Afinal,
Que todo o mal
Está nos humoristas.

A carne está escassa
E a fome está à vista?
É preciso calar os humoristas.
Brasília arrasa os cofres
Mas enche a nossa vista?
É preciso calar os humoristas.

O réu clama inocência,
Descobrem-se outras pistas?
É preciso calar os humoristas.
Há fraudes e desfalques,
Ladrões e vigaristas?
É preciso calar os humoristas.
As previsões do câmbio
São todas pessimistas?
É preciso calar os humoristas.

Os humoristas, sim,
Gente danada!
Senhor censor,
Viva o senhor!
Grande piada...

CÉU

. . . .

Há uma semelhança entre o ovo e o céu. Ambos podem ser estrelados.

Se o homem vive em média
Os seus setenta anos,
Daqui a uns quarenta,
Ou mesmo um pouco mais,
Estarei com o meu nome em tarja preta
Nas colunas de todos os jornais.

Naturalmente que, desencarnando,
Não ficarei na Terra observando

O que os parentes vão dizer de mim.
Irei pro céu em busca de pousada
Uma vez que são Pedro — como dizem —
É um velho justo e mesmo camarada.

Camarada, sim! Não sei se a ponto
De permitir a entrada de um pecador
Num recinto de quase onze mil virgens,
Segundo nos garante o contador.

O velho, certamente — e é seu dever —,
Há de pedir minhas credenciais.
Pois, cedendo, que seja uma só vez,
Satanás é roubado num freguês.

O que fiz eu na Terra, finalmente,
Pra receber o céu como um presente?
Nada de bom, sinceramente.
Nem uma esmola a um pobre!
Às vezes chego até a pegar no cobre
E a mão estender sobre o chapéu.
Mas não! Com toda a urgência
Recolho o níquel e penso na falência
E "Deus o favoreça", mais barato,
Deixo escapar a bem da consciência.

São Pedro é camarada,
Eu bem sei disso.
Mas há uma tabuleta em que é vedada

Terminantemente toda entrada
De pessoas estranhas ao serviço.
Não sei, portanto, como entrar no céu
No dia em que eu bater o beleléu.

Egoísta? Sempre fui e de nascença.
Argumento não há que me convença
Do que apelidam de miséria alheia.
Sempre foi minha esta filosofia:
"É preciso uma barriga andar vazia
Pra outra andar mais cheia".

Mas
Eu poderia, ao menos nesta idade,
Respeitar as leis da castidade,
O que pra mim seria atenuante.
Mas qual! Fui um devasso.
A estrada do pecado
Eu sigo passo a passo.

Mulheres, eu as tive por dezenas.
Foram Lauras, Dolores, foram Helenas,
Lúcia, Joanas, Carmens e Marília,
Sendo que apenas duas de família.

São Pedro é camarada
E altruísta.
Facilitar também assim...
Vai dar na vista!

CIDADES

. . . .

Com as ruas esburacadas desse jeito, é preciso ser muito virtuoso para não dar um mau passo.

★

Pedestre: aquele que atravessa a rua pela última vez.

❖

Camelô: coletivo de pedestre.

As chuvas de verão deixaram tanta lama na cidade que as pessoas já perguntam umas pras outras: "Em que barro você está morando?".

★

Por que o carioca anda de cabeça baixa?
Por causa dos buracos.

CINEMA

. . . .

Se antes já era difícil fazer um filme sobre anões, agora com o Cinemascope é que ficou inteiramente impossível.

★

Em termos de futebol, a Brigitte Bardot não é um clássico. É uma pelada.

COMIDA

. . . .

É muito fácil fazer lingüiça: basta tirar a tripa de dentro do porco e botar o porco dentro da tripa.

★

O porco só é nocivo a quem, em vez de comer-lhe a carne, come-lhe o espírito.

★

Quando o marido reclamou que o pudim estava duro, a esposa se defendeu:

— Eu fiz esse pudim pelo livro que você me deu.

— Ah, então deve ser o pudim da capa!

CONFUSÃO

. . . .

O difícil de confundir alhos com bugalhos é que ninguém sabe o que são bugalhos.

COPACABANA

. . . .

Copacabana é uma extensa faixa de terra banhada de um lado pelo oceano Atlântico e, do outro, pelo uísque falsificado.

★

Vende-se luxuoso apartamento em Copacabana com vista para uma vedete em frente. Pouca água. O apartamento é bom até a última gota.

❖

Mudou-se para Copacabana porque sofria de barriga-d'água. Pois não demorou a faltar água na sua barriga.

CORRUPÇÃO

. . . .

O motivo pelo qual o povo não consegue mais comer de garfo e faca é que há muita gente comendo de colher...

★

A prova de que a vida não está tão cara assim é que muitos apartamentos, automóveis e fazendas estão custando apenas um inquérito parlamentar.

★

O que leva o Brasil à falência não é o fato de muitos roubarem pouco. É o fato de poucos roubarem muito.

★

Por que não adaptam para a televisão a famosa história infantil *A Grata Roubalheira*?

❖

Atenção, consumidores:
não faltará tubarão na Semana Santa.

CRIANÇAS

. . . .

Já tinha oito anos e não bebia uísque, não dançava rock e não fumava maconha. Era retardado mental.

★

Filmes impróprios para menores de catorze anos são aqueles que tratam de coisas que todos os menores de nove anos já estão fartos de saber.

★

Quando a professora contou ao pai que seu filho havia roubado uma nota de mil cruzeiros da sua bolsa, o pai exultou de contentamento: era a primeira nota alta que o filho tirava na escola.

★

Para que as crianças nasçam felizes em nosso país, três coisas são absolutamente necessárias: liberdade, igualdade e maternidade.

★

Garoto: Mamãe, o Juquinha está outra vez enterrado na lama.

Mãe: Até onde?

Garoto: Até os joelhos.

Mãe: Então deixa que ele sai sozinho.

Garoto: Desta vez ele não sai, que ele caiu de cabeça pra baixo!

★

Era um menino tão mau, mas tão perverso, que só se tornou radiologista para ver a caveira dos outros.

❖

DELICADEZA

. . . .

Marquei meu passo na areia,
Por cima marcaste o teu.
Descobri que tu calçavas
39 como eu.

DEMOCRACIA

. . . .

Democracia é aquele regime pelo qual qualquer cidadão pode ser presidente da República, menos eu e você, naturalmente.

DENTES

. . . .

Cliente: Estou tão nervosa, doutor!
Dentista: Não há motivo, madame.
Cliente: Esse é o primeiro dente que eu arranco!
Dentista: E eu também.

*

Balbina, quedê teus dentes?
Nem caco, nem um inteiro.
Balbina, foi acidente?
Bofetão de fuzileiro?
Ou essa boca sem nada
É uma prova bem provada
De quanto ainda é precária
Nossa assistência dentária?
Dos trinta e dois que tu tinhas
Resta apenas como traço
Esse pedaço de carne
Que falta aqui no meu braço.

DEUS

. . . .

Deus,
Quando menino,
Também não acreditava Nele.

DINHEIRO

. . . . .

O dinheiro corrompe — mas só quem não o tem.

★

Duplicata é essa coisa que sempre vence. Nunca empata.

❖

O orçamento é um modo de a gente se aborrecer antes e depois das despesas.

Sabe por que uma moeda de um cruzeiro colocada sobre a superfície de um copo cheio d'água não afunda? Porque o nosso dinheiro não vale — nada.

★

Tendo de escrever uma composição no colégio sobre uma família pobre, a filha de um milionário assim se expressou: "Era uma vez uma família pobre. A mãe era pobre. O pai era pobre. Os filhos eram pobres. O mordomo era pobre. O chofer era pobre. A criada era pobre. O jardineiro era pobre. Todos eram pobres".

★

Uma pessoa só pode ter certeza de que está realmente milionária quando os parentes começam a desejar que ela morra.

★

Cobrador: O senhor é um mau pagador!

Devedor: Como é que o senhor sabe, se eu ainda não lhe paguei nada?

★

Há criaturas que, por dinheiro, fazem qualquer negócio. Até trabalhar.

★

Houve um tempo no Brasil em que ninguém tinha dinheiro. É hoje.

★

Quem dá aos pobres ou empresta... adeus!

DISTRAÇÃO

. . . .

Era um sujeito realmente distraído: na hora de dormir, beijou o relógio, deu corda no gato e enxotou a mulher pela janela.

★

Dormiu com a janela aberta e morreu afogado. Estava passando uns tempos num submarino.

DIVÓRCIO

. . . .

Há casais que se detestam tanto que não se separam só pra um não dar esse prazer ao outro.

No dia em que os padres puderem casar,
eles também serão a favor do divórcio.

O grande mal do divórcio é que permite ao homem casar-se pela segunda vez.

★

O momento mais adequado para o divórcio é ainda durante o namoro.

DOMÉSTICAS

. . . .

Boa dona de casa é aquela que, no fim do dia, está com o corpo moído de tanto ver a empregada trabalhar.

★

Criada 1: Por que você saiu daquela casa?

Criada 2: Porque a patroa disse que eu fechei por dentro a porta do meu quarto.

Criada 1: E não era verdade?

Criada 2: Não. Quem fechou foi o patrão.

❖

Como não foi possível modificar
as empregadas, criou-se a louça inquebrável.

— Sabe que a Maria, aquela que foi sua empregada, está agora trabalhando lá em casa?

— É mesmo?

— Mas não se preocupe, porque nós não acreditamos em nada que ela conta.

ÉDIPO

. . . .

Por que o homem, quando criança, é tão agarrado à mãe e, depois que cresce, é tão agarrado à mãe dos outros?

ELEIÇÕES

Comício é um discurso cercado de puxa-sacos por todos os lados. Pode também ser definido como um espertalhão contando mentiras e um punhado de idiotas batendo palmas.

❖

Em plena era da bomba atômica,
dos robôs e dos foguetes intercontinentais, o voto
é uma arma tão precária que a gente dá
o tiro hoje e só vai saber que
errou a pontaria dois ou três anos depois.

O eleitor, obrigatoriamente, tem que ser qualificado. O candidato, não.

★

Eu sei, eleitor, que você gostaria de votar num brasileiro, do Norte ou do Nordeste, do Sul ou do Centro, casado ou solteiro, civil ou militar, católico, espírita ou macumbeiro, mas patriota, que soubesse cantar sem erros as duas partes do Hino Nacional, com muita saúde e poucos amigos para empregar ou proteger; sem nenhum passado de corrupção — por concordar ou silenciar; de mãos limpas do sangue dos adversários; que não desejasse entregar o nosso petróleo, mas também não quisesse que ele secasse debaixo da terra — mas pretendesse que ele espirrasse exclusivamente nosso ou bem controlado; que trabalhasse com verdades e sem slogans — fazendo poucas promessas para que pudessem ser cumpridas; que matasse a sede dos irmãos do Nordeste, enchendo-lhes os açudes e regando-lhes os campos cobertos de esqueletos de bois; que ensinasse a ler a milhões de patrícios; que socorresse as criancinhas que morrem de fome; que desse trabalho aos moços, amparo aos velhos e leito aos enfermos; que não se esforçasse por fazer mais ricos os ricos e mais desgraçados os pobres; que não trouxesse um eterno sorriso nos lábios, disfarçando a gravidade dos dias e as preocupações do momento; que economizasse sem usura; que fosse amigo das liberdades democráticas, libertando o rádio, a televisão e a imprensa de uma censura incômoda e infeliz; que amparasse as artes, as ciências, os esportes; que fosse fã de futebol, Carnaval, sweepstake, Natal, réveillon e concursos de beleza; que fosse bom, leal, enérgico, pacifista, guerreiro, humano e poeta, esperança do povo e da pátria.

Mas... infelizmente, eu não sou candidato.

❖

Consulta ao Tribunal Eleitoral: apurações de urnas podem ser noturnas?

Você foi eleito? Eu não.
Em matéria de eleição
Nunca mais vou me meter.
Fiz comício, pintei faixa,
Fui contra a corrupção,
Levei bolacha, sopapo,
Me chamaram de ladrão —
E no fim não sou eleito?
Essa não!

Falei em mesa-redonda,
Quadrada, retangular.
Falei em mesa de pôquer,
De sinuca, de bilhar —
E no fim não sou eleito?
É de amargar!

Mandei fazer bandeirinha
Nas cores verde e amarela,
"Vote em mim" numa caixinha,
Beijei gente na favela,
Discursei falando alto
Que em mim tivessem fé,
Que eu ia botar asfalto
No morro do Jacaré —
E a turma não me quer?
Assim não dá pé!

Gritei que o petróleo é nosso
Pra ver se agitava a massa.
Li trechos de Rui Barbosa,
Um dos orgulhos da raça —
E no fim não sou eleito.
Isso tem graça?

E todo mundo dizia:
"É em ti que eu vou votar.
Manda cédula em teu nome".
Eu mandava um pacotinho
E eles punham num cantinho
Pra anotar telefone.
Só dizendo um nome!

Mas sei como me vingar.
Vem aí outra eleição
E que se dane o meu povo:
Pra presidir a nação,
Voto no Collor de novo!

❖

EMPREGO

. . . .

Personalidade
é aquilo que uma pessoa
tem quando não está
precisando do emprego.

ENCONTRO

. . . .

— Eu sou o ponteiro grande
E o ponteirinho tu és.
Vamos marcar um encontro?
— Eu só posso à uma e cinco
Ou então duas e dez.
Ou prefere três e quinze,
Quatro e vinte ou seis e meia?
Ou vinte e cinco pras sete

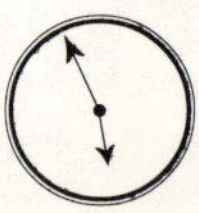

Ou mesmo vinte pras oito?
É melhor quinze pras nove,
Dez pras dez,
Cinco pras onze?
— Eu vou resolver o caso
Com grande sabedoria:
Vou dar uma voltinha
E te encontro ao meio-dia.

ESCOLA

. . . .

Professora: Menino, cite um animal raro da fauna brasileira.

Menino: Elefante.

Professora: Elefante não existe no Brasil.

Menino: Por isso mesmo é que é raro.

★

— Menino, você precisa aprender inglês.

— Pra quê?

— Porque metade do mundo fala essa língua.

— E não chega?

★

Professora: "Madame" se aplica a uma senhora; "mademoiselle" a uma senhorita; e "monsieur" a um senhor. Qual é, então, a diferença entre "madame" e "mademoiselle"?

Aluna: Monsieur.

★

— Menino, como se chama a pessoa que mata o pai e a mãe?

— Órfão.

EXPLORAÇÃO

O Brasil precisa explorar com urgência a sua riqueza — porque a pobreza não agüenta mais ser explorada.

★

Por que será que, numa terra como a nossa, cheia de exploradores, só o general Rondon tem cartaz?

FALSAS IDÉIAS FEITAS

Depois do homem, o animal mais inteligente é o chimpanzé.

— Ah, é? E a mulher? Vem em terceiro?

★

A guerra mais longa da História foi a dos Cem Anos.

— E a guerra entre o homem e a mulher, que já dura milhares?

*

O coelho é o animal que mais fornece peles para uso das senhoras.

— Puro engano. O animal que mais fornece peles à mulher é o marido.

FAMÍLIA

. . . .

Maravilha!
Ser gato ou vira-lata
E não ter família.

❖

FARTURA

. . . .

Tempos de fartura eram os de antigamente.
Até os três mosqueteiros eram quatro.

FEIÚRA

. . . .

Algumas mulheres são tão feias que deviam processar a natureza por perdas e danos.

*

Uma delas, por exemplo, era tão feia que foi desenganada pelo cirurgião plástico.

★

E aquele camarada era tão feio, mas tão feio, que ninguém tinha coragem de chamá-lo de "nosso semelhante".

FILHOS

· · ·

Nossos filhos não são problema. Problema são os filhos que dizem que são nossos.

★

Quando a mãe informou aos filhos que ia conferir um prêmio ao mais obediente da casa, todos gritaram ao mesmo tempo: "É o papai!".

★

Garoto: Pai, por que você casou com a mamãe?

Pai: Para que você e seu irmão viessem ao mundo.

Garoto: Tá. E agora, que já viemos, por que continua casado?

★

Quando o pai, muito zangado, repreendeu o filho dizendo que, com a idade dele, nunca havia mentido, o garoto perguntou logo: "E com que idade o senhor começou, papai?".

★

Margarida tem três filhos,
Tudo bem misturadinho:
Um é branco, outro é preto,

O terceiro é bem lourinho...
A ciência não encontra
Para o fato explicação.
Se a ciência não explica,
Margarida também não.

❖

Pai: *Clarinha, sua mãe vai ficar muito zangada quando souber que você foi à praia com esse maiô indecente.*
Clarinha: *É mesmo! O maiô é dela!*

FÍSICA

. . . .

Os líquidos e os biquínis tomam a forma do corpo que os contém.

FLERTE

. . . .

Um dia, quando você
Me olhar e se distrair,
Eu pisco os olhos depressa
E quero ver você sair.

FUTURO

. . . .

Se as crianças de hoje serão os homens de amanhã, de onde virão as mulheres?

GORDOS

Homem gordo experimenta um paletó que não abotoa na frente.

Gordo: Este paletó está muito pequeno para mim.

Vendedor: O seu manequim é esse.

Gordo: Como, meu manequim é esse? O senhor não está vendo que a minha barriga ficou de fora?

Vendedor: Cavalheiro, de acordo com a sua altura e o seu porte, o seu manequim é esse.

Gordo: O senhor então ignora a minha barriga?

Vendedor: Não sou eu que ignoro. É a sociedade de consumo.

Gordo: Quer dizer que, pra sociedade de consumo, a minha barriga não existe? A sociedade de consumo ignora a minha barriga?

Vendedor (ainda paciente): Todas as barrigas que existem já estão padronizadas. É que a sua barriga está fora dos padrões.

Gordo: Como, fora dos padrões?

Vendedor: Padrão é o resultado de milhares e milhares de barrigas que foram medidas.

Gordo: A minha nunca mediram.

Vendedor (já impaciente): Se a sua barriga é uma exceção, milhões e milhões de outras barrigas não podem ficar dependendo apenas da sua barriga!

Gordo: O senhor então insiste em que a minha barriga é apenas uma abstração anatômica.

Vendedor (*irritando-se*): O senhor não pode ficar lutando contra um complexo industrial tão complexo!

Gordo (*lamuriento*): Pois fique sabendo que a minha barriga existe, ouviu? Não digo que seja uma barriga graciosa. Mas ela existe. Ocupa um lugar no espaço. Existe como existe o mamão na salada de frutas, como existe a ostra dentro da concha, como existe o tutano dentro do osso. A sociedade de consumo não pode transformar a minha barriga num objeto qualquer, descartável. Minha barriga não é uma miragem no deserto. (*Colocando as mãos sobre a barriga, quase chorando*) Minha barriga existe! Existe! (*Sai gritando*) Tenho certeza de que minha barriga existe! E aqui para a sociedade de consumo, ó! (*Dá uma banana e sai*)

GOVERNO

Ah, o que seria do governo se o povo pudesse falar pela boca do estômago!

O governo prometeu imprimir um novo rumo em nossa política econômica. E continua imprimindo.

GUERRA

Situação internacional é a coisa mais bem-educada que existe. Quanto mais os povos se ofendem, mais delicada ela fica.

★

Herói é aquele que, na guerra, ou se destaca por feitos extraordinários ou encontra um jornalista seu amigo.

★

Pólvora é uma substância negra muito empregada na demarcação de limites entre as nações.

★

Era uma enfermeira tão gorda, mas tão gorda, que, na guerra, além de enfermeira, servia também de trincheira.

★

Houve uma guerra que durou cem anos. É dose. Os soldados morreram todos de arteriosclerose.

HOMEM

. . . .

O homem é esse animal que...

Derruba as florestas e depois começa a trazer plantas para dentro de casa.

Inventa o anzol e a rede e vai se arriscar em pescas submarinas.

Inventa a bomba e depois fica arranjando conferências para que ela não seja atirada.

Tem pruridos de discriminação racial, mas fica na praia para escurecer a pele.

Coloca bondinho no Pão de Açúcar e depois procura escalá-lo a pé.

Fabrica automóveis que dão mais de duzentos e depois só permite que andem a oitenta.

Se casa para ter um lar e logo depois engraxa o sapato na esquina, faz a barba no barbeiro, almoça numa lanchonete, janta num restaurante e se apaixona pela secretária.

HONESTIDADE

. . . .

O recibo, o reconhecimento de firmas, o fiador, o depósito e o desconto em folha são provas insofismáveis de que ninguém confia na honestidade de ninguém.

❖

É através dos mais rigorosos inquéritos
que se chega à conclusão de que todo mundo é honesto.

A honestidade existe, sim. Na letra H dos dicionários.

HOSPITAL

. . . .

Doente da Santa Casa...
Que sina, que desgraceira:
De segunda a sexta-feira,
É cutucado, apalpado,
É cheirado, revirado,
Quase liquidificado
Por estudante tarado
Que junta na cabeceira.

Tiram sangue, botam sangue,
Exames de raio X,
Agulha grossa na veia,
Tacam sonda no nariz,
Martelada no joelho,
Peteleco na barriga,
Cada exame desgraçado
Pra descobrir uma lombriga.

— Diz "trinta e três".
— Trinta e três.
— Mais uma vez.
— Trinta e três.
E a todos que vão pedindo,
Vai o infeliz repetindo:
— Trinta e três, trinta e três,
E diz quatro, cinco, seis,
Setenta, noventa e seis.

Doente da Santa Casa...
Que resistência brutal!
Seu braço é mais picotado
Que bilhete da Central;
Seu fígado é mais palpado
Que broto no Carnaval;
Seu pulmão é mais ouvido
Que o Hino Nacional.

E se ele cai na besteira
De ter uma doença rara,
Dessas que nem catedrático
Diagnostica de cara,
Aí mesmo é que o infeliz
Sofre pra burro, não pára:
Vem aluno, vem doutor,
Vem catedrático, reitor,
Levam o homem pro Congresso —
Doença pouco comum,
Na Santa Casa, é um sucesso.

E todo remédio novo,
Antes de ser dado ao povo,
O laboratório não esquece:
Manda amostra pro doente
Pra ver o que é que acontece.

Se o caso é de abrir barriga,
Às vezes sai até briga.
Mas no fim tudo se ajeita:
Um que abre, outro que fecha
E o terceiro, que enfia a mecha.

Doente da Santa Casa...
Que alegria ele tem
Quando a enfermeira anuncia:
— O doutor hoje não vem.

HUMOR

. . . .

Que diabo de piada contaram àquela caveira que ela está rindo até hoje?

Quem ri por último ri melhor, mas passa por retardado mental.

IDADE

. . . .

Como é curta a vida das mulheres! Até hoje não conheço uma que tenha passado dos quarenta.

★

A prova de que estou ficando velho é que, cada vez mais, eu chamo os outros de você e os outros me chamam de senhor.

★

O sonho de todo homem de 85 anos é ser assassinado por um marido ciumento.

★

A prova de que gente velha também pode enxergar bem é que, em todas as cartilhas, vovô vê a uva.

★

Os anos que uma mulher subtrai da própria idade não são perdidos. Ela os acrescenta à idade de outra mulher.

★

O amor, que coisa bela:
Vovô viu a uva
E tá de cacho com ela.

IMPOSTOS

. . . .

Já se foi o tempo em que a união fazia a força. Hoje a União cobra os impostos e quem faz a força é você.

IMPRENSA

. . . .

É graças à invenção da imprensa que agora podemos divulgar a nossa falta de idéias.

★

Se um gênio nasce de cem em cem anos, de quantos em quantos segundos nasce um colunista social?

★

Jornalista independente é aquele que tem a mesma opinião do dono do jornal.

★

Manchetes contemporâneas:

De um jornal americano: O PRESIDENTE VAI VIAJAR

De um jornal italiano: O PRESIDENTE VAI VIAJAR

De um jornal brasileiro: O PRESIDENTE NÃO VAI VIAJAR

★

Manchetes que abalaram o mundo:

- TARADO COME MAÇÃ E ATACA DONZELA NO PARAÍSO
- DESFALCADA A SELEÇÃO DA GRÉCIA. ACERTARAM O CALCANHAR DE AQUILES
- AINDA NÃO FORAM ENCONTRADOS OS RESTOS MORTAIS DO CHINÊS QUE INVENTOU A PÓLVORA
- IMPERADOR INCENDEIA ROMA. BOMBEIROS CHEGARAM A TEMPO MAS FALTOU ÁGUA
- NAVEGADOR PORTUGUÊS SEM RADAR DESCOBRE O BRASIL
- LUÍS XV GANHA O PRIMEIRO LUGAR NA CATEGORIA LUXO NO BAILE DE SODOMA
- PAGARAM UM MILHÃO PELA PERUCA QUE MARIA ANTONIETA PERDEU NA GUILHOTINA
- ALPINISTA MALUCO, VESTIDO DE NAPOLEÃO, DISCURSA NO ALTO DE UMA PIRÂMIDE
- VÍTIMA DE PERTINAZ ENFERMIDADE, FALECEU A DAMA DAS CAMÉLIAS

INFIDELIDADE

. . . .

Alguns maridos desconfiam tanto da mulher que, antes de abrir o guarda-roupa, costumam bater à porta.

INFLAÇÃO

. . . .

Toda vez que aumentam o pão, o pão diminui.

> *A prova de que tudo subiu de preço é que até uma coroa já é cara.*

Se as mercadorias do contrabando são mais baratas porque estão fora da lei, logo o que encarece tudo é a lei.

★

Anda tudo tão caro que, hoje, até quem desdenha não quer mais comprar.

★

Quando hoje for antigamente, você não acha que a vida era mais barata?

INTELIGÊNCIA

. . . .

Mesmo que tivessem toda a inteligência que lhes falta, algumas pessoas ainda seriam burríssimas.

★

Se eu dominasse a matemática de Einstein, a gramática de Rui Barbosa, a geografia de Veiga Cabral, a história de H. G. Wells, a ciência de Isaac Newton e a psicologia de Freud, juro que iria tentar a admissão à Escola Normal.

INVENÇÕES

Aí o homem achou um pedaço de carvão e inventou o desenho; aí a mulher achou um pedaço de carvão e inventou o *crayon* de sobrancelhas.

Aí o homem achou uma pena de ganso e inventou a caneta; aí a mulher achou uma pena de ganso e inventou o chapéu.

Aí o homem achou um pedaço de pano e inventou o lenço; aí a mulher achou um pedaço de pano e inventou o biquíni.

Aí o homem achou um pedaço de vidro e inventou a garrafa; aí a mulher achou um pedaço de vidro e inventou o espelho.

Aí o homem achou a mulher e inventou a poesia; aí a mulher achou o homem e inventou o marido.

Aí o homem se chateou e não achou mais nada.

★

No dia em que um padeiro tapou o buraco de uma rosca, estava inventada a bolacha.

★

A macumba foi inventada por um senhor de bom coração que, ao ver uma galinha preta morta numa encruzilhada, abaixou-se, acendeu uma vela e tão penalizado ficou que, com o choque, esqueceu a farofa que levava para comer em casa, o litro de cachaça para abrir o apetite, o charuto para fumar depois da janta e até os níqueis para a passagem.

❖

Quando Lavoisier afirmou que "na natureza nada se perde, tudo se transforma", estava longe de supor que acabara de inventar também o croquete.

JOGO

Fechar os cassinos foi uma boa providência — ninguém precisa saber quem está jogando lá dentro.

★

Se já é difícil perder na loteria mil vezes seguidas, imagine ganhar.

JOVENS

Transviados são aqueles que fazem publicamente tudo o que seus pais fazem às escondidas.

★

Filho de rico é playboy. Filho de pobre é office-boy.

★

Quando o pai perguntou à filha em que momento o namorado lhe havia pedido a mão, ela respondeu: "Ontem, no cinema".

JUSTIÇA

O golpe de Salomão, de dividir a criança ao meio, só deu certo porque se tratava de uma criança. Se a briga fosse por causa de uma mulher, e se ele tentasse dividi-la ao meio, a briga pela escolha da metade seria muito maior.

Aqui também existe a pena de morte. Mas só para a vítima.

LADRÃO

O ladrão é um indivíduo incumbido pela polícia de legalizar a existência da polícia.

★

Sim, os ladrões roubam para comer. O diabo é que comem de tudo: relógios, carteiras e até automóveis.

★

Notícia da Carochinha:

Terrível quadrilha de ladrões assaltou hoje de madrugada o palácio do ilustre sr. Ali Babá. A polícia, depois de prolongada batida, conseguiu deter um dos ladrões, que, interrogado à nossa moda, revelou os nomes dos outros 39.

★

Ladrão: Tenha piedade! Me dê mil cruzeiros para salvar a vida de um inocente!

Transeunte: Mas você não tem cara de inocente!

Ladrão: Não é a minha vida que está em perigo — é a sua!

LEI DE MURPHY

. . . .

Uma camisa nova tem sempre um alfinete além daqueles que você já tirou.

❖

Se você comprar um terno com duas calças, queimará o paletó.

O que acontece quando o corpo humano é imerso em água? O telefone infalivelmente toca.

LIBERDADE

. . . .

Livre-arbítrio é essa coisa que dá plena liberdade ao homem para decidir da sua vida, da maneira que sua mulher bem entender.

★

Opinião é uma coisa que a gente dá e, às vezes, apanha.

LITERATURA

. . . .

O pingo do *i*,
Segundo eu acho,
Atravessou o ponto de exclamação
E foi pingar lá embaixo.

⋆

Escritor original é aquele que a gente não descobre de quem copiou a obra.

⋆

Subliteratura é a literatura dos outros.

⋆

Machado de Assis, que começou como tipógrafo e se tornou escritor, não fez lá grande coisa. Há os que fizeram mais: começaram como tipógrafos e acabaram donos da tipografia.

❖

Qualquer um de nós consegue
passar de seis a oito horas numa biblioteca.
Depende da bibliotecária.

Ela: **Como o senhor é diferente do que eu imaginava!**

Poeta famoso: **Pensava, naturalmente, que eu era gordo, baixinho e feio?**

Ela: **Ao contrário! Imaginava que o senhor era esbelto, alto e bonito!**

LUA

. . . .

Era uma lua redonda,
Tão branca,
Tão pequenina,
Que parecia que a noite
Chupava cafiaspirina.

A lua será bolacha no céu da boca do céu?
Será um selo dourado,
Será tampa,
Carrossel?
Será queijo,
Será pires,
Será prato,
Será panela?
Não sei.
Será pizza,
Long-play?
Será a cara de um anjo,
Demônio de um olho só?
Será roda,
Será boina
Ou bola chutada a esmo?
É bem capaz de, no fim,
A lua ser lua mesmo.

*

Para bom entendedor de astronomia, meia lua basta.

MATADOR

. . . . .

Começou na escola, matando aula. Na sinuca, matava todas as bolas. Se entrava num botequim, era para matar o bicho. Se pegava uma revista, era para matar charadas. Se jogava baralho, era para matar o tempo. Só visitava os pais para matar saudades. E detestava café, mas o tomava para matar o sono. Deu no que deu.

MEDICINA

. . . . .

Cirurgião é aquele que divide a barriga em dois grandes grupos: a dele e a dos outros.

★

— Doutor, toda vez que eu me curvo, abaixo as mãos, dobro as pernas e me levanto de novo, sinto dores terríveis nas costas.

— Mas por que o senhor faz isso?

— O senhor conhece alguma outra maneira de vestir as calças?

❖

Na praia é que a gente nota que esse negócio de vacina pega mesmo.

A diferença entre um cirurgião plástico e um cardiologista é que quem vê cara não vê coração.

★

Médico revoltadíssimo para o cliente encabulado:

— Isso não se faz! Então há um ano que estou tratando de sua icterícia e só agora o senhor me diz que é japonês?

⋆

Alguns médicos têm uma letra tão ruim que, mesmo quando escrevem à máquina, ninguém entende.

⋆

Com os preços atualmente cobrados por uma casa de saúde, uma simples fatura em conseqüência de uma fratura pode acabar com a sua fartura.

❖

Assim que o médico informou à mulher que sua doença era hereditária, ela ordenou: "Então o senhor pode mandar a conta para o meu bisavô".

Por que açougueiro de gente se chama cirurgião e cirurgião de boi se chama açougueiro?

⋆

— Meu bisavô é funcionário público.

— Até hoje? De que repartição?

— Da Faculdade de Medicina.

— O que ele faz?

— É esqueleto.

⋆

Doenças das coisas:

Moringa: Sofre de barriga-d'água.

Ferro elétrico: Está sempre com febre.

Abacaxi: Tem dermatose.

Torneira: Sofre de gota.

Fósforo: Está inflamado.

Abajur: Enxerga pouco.

Alho: Extraiu um dente.

Brasília: Alucinação.

Cruzeiro: Fraqueza geral (anemia).

❖

Junta médica é uma reunião
que os médicos fazem nos últimos momentos
de nossa vida para dividir a culpa.

Era um rabo discreto que vivia
Para uma pobre e humilde serventia.
Um operário da fisiologia
Que nada mais da vida pretendia.
Nem mesmo o seu dono o conhecia,
Pois que seus olhos à frente do rosto
Não podiam espiar o lado oposto.

Mas veio a idade e, aí, não há quem escape
Da imbecilidade de um check-up.
E com toques, bitoques e retoques
De respeitosos dedos catedráticos,
Entrou para a confraria dos prostáticos.

Por causa de um mísero caroço,
Junto a esse rabo fez-se um alvoroço:
Radiografia, cintilografia,
Sem se falar em ultra-sonografia.
E ainda uma biópsia,
Quase autópsia,
De um tumor que, já se desconfia,
Firma e confirma a patologia.

É clara a indicação: a cirurgia.
E sobre o pobre rabo, em anestesia,
Desaba toda uma cutelaria.
Rabo infeliz:
Ao fim dessa gincana,
Mais parecia o "O" da mãe Joana.

MEMÓRIA

. . . .

Há pessoas com memória tão boa que são capazes de usar o mesmo guarda-chuva por mais de cinco meses.

*

Conheço um marido tão bom fisionomista que consegue reconhecer a própria mulher depois que ela volta do cabeleireiro.

MENTIRAS

. . . .

Os homens mentiriam muito menos — se as mulheres fizessem menos perguntas.

★

Com quantas mentiras se faz um desmentido?

MICRÓBIOS

. . . .

Micróbio 1: Você morava num fígado tão bom. Por que mudou?

Micróbio 2: Enjoei de Necroton.

★

— Ué, você aqui neste sangue?

— É. Cheguei na transfusão das quatro.

★

— Você saiu do ouvido daquele surdo?

— Saí. Era uma barulheira danada.

★

— A que horas você vai sair hoje?

— No espirro das três e meia.

★

Pneumococo para pneumocoquinho:

— Quem te ensinou a falar inglês, meu filho?

— Cigarro americano.

★

Micróbio para micróbia:

— Você não quer me dar a sua radiografia autografada?

★

Micróbia para micróbio:

— Marido, olha lá um disco voador que vem descendo!

— Te abaixa, meu bem, que é um alka-seltzer!

★

Micróbio do tifo: Bati o recorde mundial de febre.

Micróbio da malária: Com quanto?

Micróbio do tifo: Provoquei 43 graus e 2 décimos!

MILITARES

O general manda no coronel, que manda no major, que manda no capitão, que manda no tenente, que manda no sargento, que manda no cabo, que manda no soldado, que manda na crioula, que manda na patroa, que manda no general, que manda no coronel etc...

No dia em que o porte de armas for proibido para os militares, aí, sim, haverá a paz.

★

Se existe general-de-divisão, por que não existe também general-de-adição, de subtração e de multiplicação?

★

Marinheiro de submarino é mais marinheiro do que os outros — porque é marinheiro até debaixo d'água.

★

A marcha militar foi inventada por um sargento que só sabia contar até dois.

★

Exército bem alimentado é o nosso: todo soldado arranja logo uma cozinheira.

*

Na minha rua mora um general,
Cara de mau,
Como convém a todo general.
Ninguém sabe em que batalhas
Ganhou a série de medalhas
Que ostenta sobre o peito varonil.
Também, pra que saber?
Viva o Brasil!

MISTÉRIO

. . .

Cena: biblioteca de filme policial inglês. Tarde da noite. Senhor de cachimbo, em sua cadeira giratória, livro na mão, sem prestar atenção ao que a criada lhe vem dizer.

Criada **(*absolutamente calma*): Patrão, tem um morto dentro da geladeira.**

Senhor: **O quê?**

Criada: **Tem um morto dentro da geladeira.**

Senhor: **Alguém deixou a porta da geladeira aberta e ele entrou.**

Criada: **Patrão, o senhor ouviu o que eu disse? Tem um morto dentro da geladeira.**

Senhor: **Outro?**

Criada: **É o mesmo, patrão. O que é que eu faço?**

Senhor: Com o quê?

Criada: Com o morto que está dentro da geladeira.

Senhor: Deixa lá. Com o calor que está fazendo, tirando de lá, estraga.

Criada: O senhor não quer que eu chame a polícia?

Senhor: Polícia? Pra quê?

Criada: Tem um morto dentro da geladeira.

Senhor: Outro?

Criada: É o mesmo, patrão. O que é que o senhor quer que eu faça?

Senhor: Eu estou com um pouco de fome. Faça só um franguinho na manteiga.

Criada: Franguinho? Onde é que eu vou arranjar frango a esta hora, patrão?

Senhor: Tem um morto dentro da geladeira.

MONOGAMIA

Você conhece Maria,
Aquele broto que ia
Ao Posto Seis todo dia
Perturbar a freguesia?
Depois disso é que eu queria
Ver se você insistia
Em ser pela monogamia.

❖

MORAL

. . . .

A moral,
Formal,
É uma linha
Horizontal,
Riscada a giz,
Que passa
Pela cicatriz
Umbilical.

MORTE

. . . .

Era um sujeito muito calmo. Mesmo depois de morto conservou o sangue-frio.

★

Quando morreu, deixou mulher e quatro filhos. Tinha que deixar. Como é que ia levar?

★

A verdade é que nem todos andam atrás de uma galinha-morta. Os galos, por exemplo.

★

Tinha razão o carrasco que dizia: "Esse meu trabalho é de morte!".

★

Um dia ele mandou flores para a mulher do vizinho. No outro, todos os vizinhos mandaram flores para ele.

★

Quando Adão morreu, Eva usou uma folha de parreira de uvas pretas.

★

Quando o dono da casa de flores informou ao freguês que a inscrição na coroa custaria 500 cruzeiros, este resolveu logo: "Pode mandar sem a inscrição. O defunto é analfabeto".

❖

Velório é um defunto cercado de piadas por todos os lados.

Anúncio fúnebre:

Branca de Neve e os seis anões comunicam com pesar o falecimento de um anão.

★

Não somos mais que tabletes
De chicletes
Que o mundo vai mastigando,
Mastigando,
Mastigando,
Até que, uma certa hora,
Se cansa e nos cospe fora.

MULHER

. . . .

A mulher divide-se em três partes: ray-ban, biquíni e sandálias.

★

Há mulheres que ficaram célebres descobrindo coisas: madame Curie descobriu o rádio e Brigitte Bardot descobriu quase tudo.

★

Sim, a mulher deve ter as mesmas regalias do homem: trabalhar, educar os filhos, pagar a casa, a luz, o gás, o telefone e sustentar o marido. O qual deve ter as mesmas obrigações da mulher: ir ao cinema, jogar biriba, comprar roupa nova toda semana e fofocar diariamente com os amigos pelo telefone.

★

Na mulher, nada é eterno, tudo é provisório. Até a permanente.

★

Relógio de mulher é um instrumento de precisão para que ela saiba exatamente quantos minutos vai chegar atrasada a um encontro.

★

Conheço uma garota que vive tão no ar que, quando cair em si, vai se machucar toda.

★

A verdade é que, se Sansão fosse careca, Dalila não teria entrado para a História.

★

A prova de que o sexo feminino é o grande culpado das infelicidades do mundo aqui está:

Automóvel é masculino; trombada é feminino.

Fratura é feminino; curativo é masculino.

Dor é feminino; comprimido é masculino.

Doença é feminino; remédio é masculino.

Miséria é feminino; dinheiro é masculino.

Nascimento é masculino; morte é feminino.

❖

Não era uma mulher, era uma guilhotina:
cinco homens perderam a cabeça por sua causa.

Mulheres existem muitas. Mas mulher que goste mesmo da gente, que se sacrifique por nós e que nos queira bem sem o menor interesse, só existem mesmo umas quinze.

𝄞 MÚSICA

A ópera é um espetáculo para surdos.

★

Forca é instrumento de corda? Ventilador é de sopro? E qual vai se atrasar mais, o noturno da Central ou o *Noturno* de Chopin?

★

O tango é o Código Penal com música.

❖

Certos pianistas bebem tanto que,
no fim da festa,
estão mais tocados que o piano.

Você, menina, com essas pernas maravilhosas, esse busto monumental, essa cinturinha de vespa e essa voz horrível, deve ser uma grande cantora.

NACIONALISMO

. . . .

Toda boate é nacionalista: emprega 70% de uísque estrangeiro e 30% de água nacional.

OLHOS

. . . .

O mundo tem muitos olhos
E todos eles me espiam.
Há olhos parados nos postes,
Nas saias, nos automóveis.
Passa um besouro: é um olho
Esbugalhado voando.
Há olhos sobre os telhados
E pencas de olhos nos fios.
Há no morro um olho-d'água
Chorando, sempre chorando.

Há olhos dentro do mar
E na bengala dos cegos.
E ruas cheias de olhos
Que os transeuntes nem sabem.
Na sopa que estou tomando
Há o olho verde boiando
Da azeitona me espiando.

PAIXÃO

O que você é:
Farinha do meu feijão
Descanso do meu trabalho
A rima do meu poema
Curinga do meu baralho
A santa da minha reza.
Você tanta coisa é:
O gelo do meu uísque
Açúcar do meu café.

O fogo do meu cigarro
O vento do meu moinho
Gasolina do meu carro
Roteiro do meu caminho.

Alegria do meu tédio
As cores do meu pincel
A bula do meu remédio
Recheio do meu pastel.

Pedrinha do meu sapato
Manchete do meu jornal
Canudo do meu refresco
Canela do meu mingau.

Peixinho do meu aquário
Cigana da minha sorte
Demônio dos meus pecados
Veneno da minha morte.

? PERGUNTAS ?

Se você sabe com quantos paus se faz uma canoa, responda:
Com quantos pontos se faz uma reticência?
Com quantos buracos se faz uma rua?
Com quantos desaforos se faz uma crítica?
E um homem honesto, com quantas mamatas se faz?

*

Perguntas sem respostas:

• **Se xampu de ovo faz crescer cabelo, por que existe galinha do pescoço pelado?**

• **Por que os favelados são tão doentes, se o ar dos morros é tão saudável?**

• **E por que toda essa pressa de chegar à Lua se ainda é tão difícil chegar a Cascadura?**

• **E se uma pessoa que sabe inglês arranja emprego com facilidade, como é que nos Estados Unidos ainda há problema de desemprego?**

❧ POESIA ☙

Sala de uma casa comum. Marido lê um livro intitulado Poesias. *Sua mulher entra.*

Mulher: Lendo poesias?

Marido: Sonetos, poemas... Poesias rimadas. Detesto poesia sem rima.

Mulher: Meu bem, me explique uma coisa. Quando é que uma palavra rima perfeitamente com outra?

Marido: Quando as quatro últimas letras das duas palavras são iguais. Por exemplo: *caçador* e *falador*. Repare: na palavra *caçador*, as quatro últimas letras são A, D, O e R. E na palavra *falador* também.

Mulher: Entendi. Quer dizer que a palavra *assumir* não rima com *dormir*.

Marido: Rima, sim, meu bem. *Assumir* rima com *dormir*.

Mulher: Mas as quatro últimas letras não são iguais.

Marido: É que, às vezes, basta que as últimas três letras o sejam. *Assumir* termina em *mir* e *dormir* também termina em *mir*. Certo?

Mulher: Quer dizer que *cajá* não rima com *Iemanjá*.

Marido (*já perdendo o humor*): Rima, sim senhora.

Mulher: Mas as três últimas letras são diferentes. No *cajá*, as três últimas são A, J e A. E, em *Iemanjá*, são N, J e A. Como é que fica?

Marido (*irritado*): É que, às vezes, basta que as duas

últimas letras sejam iguais! *Cajá*: J-A! *Iemanjá*: J-A! Entendido?

Mulher: Entendido. Quer dizer que *tutu* não rima com *urubu.*

Marido (*contendo a raiva*): Rima, sim senhora! Eu juro que rima! *Tutu* rima com *urubu*!

Mulher: Como é que rima se as duas últimas letras são diferentes? *Tutu*: T-U, tu. *Urubu*: B-U, bu.

Marido (*quase apoplético*): É que, às vezes, basta rimar a última letra!!! *Tutu*: U!!! *Urubu*: U!!! Percebeu agora???

Mulher: Quer dizer que *céu* não rima com *mel*?

Marido (*já desesperado*): Rima sim!!! *Céu* rima com *mel*!!!

Mulher: Mas como é que rima se nem a última letra é igual?

Marido arranca páginas do livro de Poesias *e começa a comê-las.*

POLÍCIA

Todo erro deve ser esquecido. Por isso, quando o povo erra, a polícia passa logo a borracha.

Se Abel tivesse sido assassinado por aqui, até hoje ninguém saberia que o criminoso era o Caim.

Não existe o crime perfeito. O defeito é da polícia mesmo.

POLÍTICOS

. . . .

É muito justo que, depois de uma campanha eleitoral tão árdua, os candidatos eleitos queiram passar quatro anos descansando.

*

Há certos políticos que são como curinga em jogo de buraco: servem para tudo.

POR QUE...

. . . .

...chofer de avião se chama piloto?

...fotógrafo de osso se chama radiologista?

...roubo de gente bem se chama desfalque?

...cachaça de grã-fino se chama aperitivo?

...ziquizira de rico se chama dermatose?

...garoto de recado do presidente se chama emissário?

...pancada de polícia se chama providência enérgica?

...mentira de jornalista se chama notícia não confirmada?

...contínuo de ministro se chama oficial-de-gabinete?

...capanga de autoridade se chama guarda-costas?

...vigarista eleito se chama representante do povo?

POSTERIDADE

. . . .

Quando eu morrer
É bem capaz de algum vereador
Querer propor
Meu pobre nome para alguma rua
De algum subúrbio —
Que o meu cartaz,
Naturalmente,
Não dá pra mais.

Ruas centrais,
Nas capitais,
Os pretendentes
São sempre generais
Ou presidentes.

Talvez eu seja uma ruinha à-toa,
Sem casa boa,
Sem água, sem esgotos,
Servindo pras peladas dos garotos
E onde os tristes burros da limpeza pública
Almoçarão o capim
Que há de brotar ali
Com o desleixo das coisas por aqui.

Serei, por certo, uma ruinha escura,
Como tantas que existem, intransitáveis,

Em que os postes de luz guardam distâncias
De inimigos irreconciliáveis.

Serei uma rua suja,
Esburacada.
Seus moradores citarão meu nome
Em abaixo-assinados ao prefeito,
Todos com ódio,
Sem o menor respeito.
Serei uma rua humilde,
Desconhecida,
Dessas que a gente diz o nome pro chofer
E ele pergunta indignado: "Onde é que é?".

E há de haver um botequim na esquina,
Um sanfoneiro,
Um bêbado comum
E um macumbeiro
Que toda sexta-feira se fará presente
Com uma galinha preta estrebuchada,
Que é o seu autógrafo na encruzilhada.

Quando eu morrer,
Antes ser nome em casco de barquinho,
Que o mar é sempre azul
E bom caminho.

POVOS

. . . .

1 inglês: Um cachimbo
2 ingleses: Rosbife
3 ingleses: Corrida de cavalos

1 turco: Prestação
2 turcos: Armarinho
3 turcos: Falência

1 francês: Um vidro de perfume
2 franceses: Petit-pois
3 franceses: Adultério

1 português: Uma crioula
2 portugueses: Bacalhoada
3 portugueses: Vasco da Gama

1 brasileiro: Jogo do bicho
2 brasileiros: Futebol
3 brasileiros: Carnaval

PRODÍGIOS

. . . .

Com apenas três anos, falava português, inglês, francês, alemão, árabe, japonês, espanhol, russo e italiano; tocava violino, harpa, saxofone, piano, viola, flauta e violão; e can-

tava samba, fox e trechos de ópera. Mas não era uma criança prodígio. Era uma vitrola.

★

Para que uma menina prodígio se torne uma pianista medíocre, quanto esforço dos pais, quanta paciência dos professores e quanto sacrifício dos seus vizinhos!

PROFISSÕES

. . . .

Escolha uma dessas para o seu filho: brilhante jornalista, magnífico reitor, conceituado comerciante, ilustre deputado, popular artista, conhecido meliante, correto locutor, valente general, hábil cirurgião, virtuoso pianista ou dinâmico presidente.

PROTESTO

. . . .

***A** situação sob o ponto de vista gramatical:*
A situação é boa, interrogação.
É boa, vírgula, é a exclamação.
E, se você protestar ou reticências,
Acaba apanhando, indo pra assistência e levando dois pontos.
E, se você passar muito mal, PONTO FINAL.

RELIGIÃO

. . . .

Cada lugar tem suas vantagens: o céu, pelo clima; o inferno, pela vida social.

*

O fim do mundo já não nos preocupa tanto quanto o fim do mês.

RESTAURANTES

. . . .

Freguês: Garçom, olha aqui uma aranha no meu prato!

Garçom: Não é aranha, não; é um desenho.

Freguês: É aranha, sim, porque ela está andando!

Garçom: É desenho animado.

*

Freguês: Garçom, quem botou manteiga neste pão?

Garçom: Fui eu.

Freguês: E quem foi que tirou?

*

Freguês 1: Garçom, me traga uma cerveja gelada, muito gelada, estupidamente gelada, terrivelmente gelada.

Garçom: Muito bem. E o senhor?

Freguês 2: Eu também quero uma cerveja gelada. Mas olha: mais gelada que a dele.

SAÚDE

. . . .

Se o óleo de fígado de bacalhau fosse bom pra saúde, o bacalhau não seria tão magro.

⋆

O sarampo não deixa de ser um punhado de confetes atirado de dentro para fora.

⋆

O jogo, as mulheres e as bebidas encurtam os nossos dias. Em compensação, alongam nossas noites.

❖

Nicotina é aquela substância que não é encontrada nos anúncios de cigarros.

O apêndice é um órgão sem o qual os clientes podem viver — mas os cirurgiões, não.

⋆

Freguês: Venho reclamar do senhor porque, há dias, comprei um remédio para afastar a vermelhidão do meu nariz e agora o nariz está quase todo azul.

Farmacêutico: E de que cor o cavalheiro preferia?

⋆

O uso da caxumba faz a boca torta.

SEXO

. . . .

Conheço um sujeito tão imoral, mas tão imoral, que a leitura de sua mão é proibida para ciganas menores de 21 anos.

★

É mesmo muito difícil uma garota cheia de curvas manter uma conduta retilínea.

❖

Solteirona (ao telefone): — *Socorro! Há um homem na rua tentando pular a janela do meu apartamento no segundo andar!*
Homem: A senhora está enganada. Aqui é do Corpo de Bombeiros.
Solteirona: Eu sei. É que ele está precisando de uma escada!

SLOGANS

. . . .

Beba mais água — bebendo mais leite.

★

Eleitor! O voto é a arma do cidadão. Mire bem antes de apertar o gatilho!

SONHO

. . . .

Sempre ao deitar me barbeio.
Não por ser hábito antigo.
É porque tenho receio
De vir a sonhar contigo.

SUICÍDIO

. . . .

Quem se mata morre à vista. Deus é quem mata a prazo.

TEATRO

. . . .

Em matéria de espetáculo teatral, não é difícil saber o que o público quer. Em geral, ele quer que lhe devolvam o dinheiro.

⋆

Por que as pessoas que mais gostam de teatro são as que têm tosse?

☎ TELEFONE ☎

. . . .

O telefone levou muito tempo para ser inventado. Mas não tanto quanto para ser instalado.

⋆

Quando alguém telefona dizendo que tem grande interesse em falar conosco, o interesse é sempre dele.

⋆

Você pega o aparelho e o sinal não vem. Você disca um número certinho e ele liga outro. Você torna a discar, com maior cuidado, e o aparelho chama um outro ainda mais diferente. Você tenta outra vez e escuta o sinal de comunicação. Meu Deus, quando é que vão inventar o telefone?

TELEVISÃO

. . . .

Televisão é esse invento admirável que, quando a pessoa fecha os olhos, tem a nítida impressão de que está ouvindo rádio.

TESTAMENTO

. . . .

Que tenho eu,
De meu,
Depois de tantos anos
De contínuos trabalhos
Quase insanos?

Que tenho eu, enfim?
Quinquilharias
Que fui juntando
Com o correr dos dias, como:
Certificado
Rabiscado,
Carimbado,
Registrado,
Estampilhado
E pelo qual posso provar, seguro,
Em curto prazo,
Que pertenço ao exército nacional
Na qualidade de soldado raso.

E um anel de rubi,
De advogado,

Herança de um avô,
Já hoje em ossos,
Cujo sonho mais doce e dourado
Era que os netos se tornassem troços.

E um trabalho de prótese
Que o dentista,
Além de pedir dinheiro à vista,
Cobrou por ele preço tão ostensivo,
Que quase permanece desfalcada,
Como uma porta oval,
Escancarada,
A entrada do aparelho digestivo.

E o retrato de uma namorada,
De uma tal Maria,
Que nunca tinha lido
Nem ouvido
Nada a respeito de poligamia
E a praticava por ignorância,
Complexo de abundância
Ou megalomania.

E um corpo já sumido,
Desnutrido,
De andar assim à toa,
Quase à matroca.

Que ânsia de ingerir estricnina
Ou de servir de vitamina pra minhoca.

TIPOS INESQUECÍVEIS

. . . .

Era elegante como um manequim de vitrine e ocupado como telefone de bicheiro. Embora mentiroso como bula de remédio, mais enganador que boletim meteorológico e vagaroso como uma obra da prefeitura, era minucioso como um vendedor de imóveis e tão perigoso quanto um pastel de botequim. De inteligência era tão quadrado quanto a frente de um carro inglês e sua ignorância era transparente como fatia de presunto em sanduíche. Sob o ponto de vista moral, era mais sujo que qualquer rua do Rio e mais desmoralizado que o cruzeiro. Sentindo-se tão inútil quanto um deputado honesto e mais abandonado que o plano para erradicar a seca, resolveu pôr fim à vida de maneira tão rápida quanto o governo aumenta impostos. Hoje é apenas uma saudade funda como o time do Olaria e seu nome está mais esquecido que promessa de vereador em época eleitoral.

★

Sempre fora assim. Nascera de sete meses e aos nove já caminhava como qualquer bípede, tendo falado aos dez e discursado no dia do seu primeiro aniversário. Depois cursou o jardim-de-infância até os dois anos, quando se passou para o curso primário, depois ginasial e superior, tendo se formado em direito com a provecta idade de doze anos. Como não tinha tempo a perder, casou-se aos treze, foi pai aos catorze e desquitou-se aos quinze, tornando a casar-se aos dezesseis, dezessete, dezoito, dezenove e vinte. Sempre afobado, ficou viúvo por conta própria (matou a mulher) e pegou dez anos de cadeia, mas só cumpriu metade, porque tinha carteira de estudante. Sempre apressado, adoeceu de galopante e morreu um dia depois: suicidou-se. Mas, devido à sua pressa, há quem afirme que foi enterrado vivo.

*

Caiu da cama durante a noite, escorregou no banheiro, foi atropelado na esquina, intoxicou-se com o almoço, a mulher fugiu com o seu melhor amigo — e só depois de muito tempo ele percebeu que o seu anjo da guarda pedira demissão.

*

Era uma grande vocação futebolística. Aos dois anos já chutava bola; no jardim-de-infância, chutava bola; no primário, chutava bola; no ginásio, chutava bola; na faculdade, chutava bola; e continuou chutando bola até o dia em que se tornou profissional de futebol, quando deixou de chutar bola e passou a chutar canela.

TRABALHO

. . . .

Se houvesse uma lei pela qual somente o dono da fábrica pudesse fazer funcionar o apito, os operários só começariam a trabalhar depois do meio-dia.

TRANSPORTES

. . . .

No trem:
Eu empurro
Tu xingas
Ele me espreme
Nós pisamos
Vós beliscais
Eles bolinam.

★

A prova de que o homem jamais poderá voar sozinho é a existência do co-piloto.

★

O pára-quedas é o único meio de transporte que, quando enguiça, chega mais depressa.

TURFE

. . . .

Enquanto os cavalariços lavam os cavalos, os proprietários lavam a égua.

★

Cavalo: sócio-atleta do Jockey Club.

★

O jóquei é um sujeito que ganha dinheiro nas costas dos outros.

★

O turfista é um sujeito que trabalha pra burro, ganha pra cachorro e gasta pra cavalo.

UNANIMIDADE

. . . .

Na orquestra há o contrabaixo; na marinha, o contra-almirante; no teatro, o contra-regra; no futebol, o contra-ataque; no trânsito, a contramão; nas cordilheiras, os contrafortes; e, na alfândega, os contrabandos.

Por aí se vê que a unanimidade será sempre uma utopia.

URSS

. . . .

Do escritor russo Boris Pasternak, premiado com o Nobel pelos suecos e com o Ignobel pelos soviéticos: "Penso, logo não existo".

★

Na Rússia, no verão, a grande sobremesa é o soviet de kremlin.

★

No comunismo você também pode dizer o que pensa. Mas só uma vez.

VELOCIDADE

. . . .

O caminho mais curto entre dois pontos não é uma reta. É um ônibus.

★

Nada mais irritante do que funcionário do correio jogando baralho. Como leva tempo para entregar uma carta!

VOCAÇÃO

. . . .

Um caso de vocação precoce é o da torre de Pisa. Segundo se diz, sempre teve inclinação para ser torre.

❖

XADREZ

. . . .

O rei, a cavalo, surpreendeu a rainha atrás da torre com um peão e foi queixar-se ao bispo.

ZOOLOGIA

. . . .

A onça é um mamífero carnívoro com um largo círculo de amigos.

★

A pulga é um animal abstrato. A gente sente, sabe que existe, mas não pode pegar.

★

Na verdade — e como você próprio já deve ter comprovado —, o animal que mais se aproxima do homem é a pulga.

⋆

Há cachorros que latem fluentemente. Outros são galgos.

⋆

O peixe é uma criatura que sai de férias mais ou menos na mesma época que os pescadores.

⋆

Se a pérola é uma doença da ostra, um colar de pérolas é uma epidemia.

⋆

A galinha é o meio usado pelo ovo para produzir outro ovo.

⋆

Houve um tempo em que os animais falavam. Alguns ainda continuam.

⋆

Quando um caçador se defronta com uma onça, duas coisas podem acontecer: ou um lindo tapete ou uma triste viúva.

Por que não cruzam um pombo-correio com um papagaio? Assim, em vez de levar bilhete, ele já dava logo o recado.

VOCÊ JÁ OUVIU ESTAS PIADAS — ADIVINHE QUEM AS INVENTOU

Garoto de rua: Moço, me dá um dinheiro pra comprar um pão?

Moço sovina: Não. Se você comer pão agora, você não almoça!

★

Careca: Me dá um vidro de loção pra crescer cabelo.

Caixeiro: Grande ou pequeno?

Careca: Pequeno, que eu não gosto de cabelo muito comprido.

★

Enfermeiro: O senhor viu um louco que acabou de fugir daqui? É baixinho, magrinho e pesa cento e trinta quilos.

Transeunte: Como pode ser baixinho e magrinho se pesa cento e trinta quilos?

Enfermeiro: Eu não disse ao senhor que ele é louco?

★

Gago: O... ca...ca...ca...valheiro... po...poderia... me... me... infor...informar... on...on...onde é... que... tem... por a... por aqui... u...u...uma... esco...escola... pra... ga...gagos?

Cavalheiro: Para que o senhor quer escola se já está gaguejando tão bem?

★

Amigo: Posso lhe dizer uma coisa no ouvido?

Outro: Diga.

Amigo: Como é que você teve coragem de se casar com uma mulher careca, desdentada e tão feia?

Outro: Não precisa falar baixo. Ela é surda também.

❖

Diálogo no hospício:

Guarda: Que é que você está fazendo aí?
Doido: Escrevendo uma carta.
Guarda: Pra quem?
Doido: Pra mim mesmo.
Guarda: E o que é que diz a carta?
Doido: Não sei, ainda não recebi!

Pergunta: Por que aquele sujeito que morava no décimo oitavo andar saltava sempre no sétimo e subia o resto pela escada?
Resposta: Porque era anão e só alcançava o botão do sétimo andar.

⋆

— Querido, vamos festejar amanhã nossas bodas de prata. Queres que eu mate um frango?

— Que culpa tem o frango?

⋆

Houve certa vez um grande desastre de trem. Nele faleceram uma velhinha e um general. Imediatamente os sobrinhos da velha pediram que o cadáver fosse enviado à sua cidade natal. Ao chegar o caixão, verificaram com surpresa geral que nele estava o general, no lugar da tia. Imediatamente telegrafaram: "Houve engano. No caixão veio um general em lugar da tia. Que fazer?".

À noite veio a resposta: "Façam com o general o que quiserem. Titia já foi enterrada com todas as honras militares".

O QUE UM DISSE PARA O OUTRO

. . . .

A chave de fenda para o parafuso:

— Eu vou torcer para você entrar.

A buzina para o chofer:

— Se me apertar eu grito!

O poste para a lista de bicho:

— Vê se desgruda de mim.

O túnel para o trem:

— Boas entradas e melhores saídas.

O prato raso para o prato fundo:

— Só eu é que não pego essa sopa.

A melancia para o abacaxi:

— Por que você não trata da pele?

O abacaxi para a melancia:

— E por que não faz um regime?

O guarda-chuva para a bengala:

— Vá se vestir!

A garrafa de champanhe para a rolha:

— Vê se sai sem fazer barulho!

A arara para o urubu:

— Quer me emprestar um U?

Urubu para arara:

— Só se você me emprestar um A.

AS CEM PALAVRAS MAIS ENGRAÇADAS DA LÍNGUA

❖

Durante o ano de 1958, Max Nunes pediu a dezenas de personalidades do teatro, literatura, cinema, rádio e televisão que escolhessem as dez palavras mais engraçadas da língua portuguesa. Eis aqui um apanhado de cem delas. A mais citada, se querem saber, foi perereca.

Abricó	Cafuné
Arapuca	Camundongo
Araraquara	Cangote
Bagulho	Carapuça
Bagunça	Careca
Balacobaco	Carrapato
Balofo	Cauby
Banguela	Caxinguelê
Batráquio	Chinfrim
Batuta	Chorumela
Beiçola	Chouriço
Berimbau	Chuchu
Bicudo	Chupeta
Biruta	Cueca
Bochecha	Cuscuz
Bodum	Dodói
Bombachas	Empada
Braguilha	Enxaqueca
Cabrito	Esculacho
Caçarola	Espiroqueta

Faniquito
Farofa
Filó
Fofo
Fuinha
Futrica
Gaiato
Garrincha
Geringonça
Goela
Gogó
Hermengarda
Inhame
Jararaca
Jururu
Lambão
Lingüiça
Lumbago
Macacão
Maçaroca
Mafuá
Marmota
Matusquela
Mingau
Minhoca
Mixórdia
Mixuruca
Mocotó
Pachola
Pamonha
Papalvo
Patusco
Pelanca
Perereca
Peteleco
Pipoca
Pororoca
Qüiproquó
Rapapé
Risoto
Sacripanta
Sopapo
Supimpa
Tanajura
Tiririca
Trambolho
Treco
Trombone
Tutu
Umbigo
Urucubaca
Vitrola
Xaveco
Xereta
Xexelento
Xodó
Zarolho
Zebróide
Zebu
Zureta

CONVERSAS
DE
GENTE

A GALINHA FUZILADA

. . . .

Naquele tempo era coronel. Hoje, passados que são uns anos, deve ser muito mais. Declaro, em seu favor, que foi o militar mais militar que conheci. Morava em Jacarepaguá, em frente à minha casa, e sua família, muito numerosa, era sua tropa, perfeitamente instruída e disciplinada. Na rua, mesmo em passeio, andavam todos de passo certo, mulher, filhos e cachorro. Seu ardor patriótico fazia-o acordar às cinco da manhã e, no banheiro, cantava todos os hinos que conhecia. Apenas reservava o Hino Nacional, com introdução e tudo, para os dias santos e feriados. A farda era seu invólucro: nunca o vi na rua à paisana.

Esperava o bonde perfeitamente empertigado, quase em posição de sentido, e continência, apenas para as senhoras e superiores. A roupa (a farda) era sempre impecável, de vinco firme, com botas que poderiam servir de espelhos. No tempo da guerra, que acompanhou todinha pelo *Repórter Esso*, redobrou de austeridade. Aí já não cumprimentava os vizinhos, e as continências às senhoras, como tudo na época, foram drasticamente racionadas. No bairro, todos o respeitavam e não havia ladrão que se atrevesse a passar na esquina daquela rua. As filhas é que não olhavam com bons olhos aquele excesso de austeridade. Embora jeitosas, corriam o risco de ficar solteiras, pois nenhum mancebo se atrevia a aproximar-se da casa, ou melhor, do quartel.

Tinha um hobby: criar galinhas. Possuía umas cinqüenta cabeças, algumas de boa raça. Todo domingo, num espetáculo inédito, soltava as galinhas na rua e, de pijama e cinturão — com um bruto revólver do lado —, ficava vigiando o piquenique. Passados uns trinta minutos, bastava que fizesse um "Xô, galinha" para que as cinqüenta, uma a uma, fossem voltando para o jardim da casa e, finalmente, ao galinheiro. Era uma prova eloqüente de que a disciplina naquela casa era igual para todos.

Até que um domingo não foi bem assim. Lembro-me bem de uma galinha preta que não atendeu ao primeiro "xô", provocando, com esse ato de rebeldia, uma repetição do mesmo, em tom menos amigo. Ocorreu uma nova desobediência, seguida de novo "xô".

Mas a doida, naturalmente julgando-se uma galinha civil, novamente desatendeu a ordem. Considerando-a insubmissa, e passível de crime militar, uma vez que estávamos em guerra, o valente coronel sacou de sua arma e fez partir um balaço que deve ter ido direto ao coração da galinha. Que nem estrebuchou. Ficou o dia inteiro por ali mesmo, gelando o sangue, até que foi encontrada por um mulato que, à noite, na encruzilhada, ao lado do corpo de penas pretas fez acender sete velas de cera. Até hoje, porém, não se sabe se foi macumba ou velório. E a única testemunha do crime foi este seu criado que, a respeito, nunca prestou declarações, mesmo porque, até agora, nada lhe foi perguntado.

3/3/1955

DELÍCIA DE DESASTRE

. . . .

Machucou alguém?

E, quando me informam que não, sinto despencar dos lábios um sorrisozinho de suave vingança nascido no mais profundo recanto da alma em festa. Encosto o carro, salto e vou misturar-me ao grupo de curiosos. Todos já perceberam que se trata de um desastre, e desastre é coisa que acontece todos os dias. E continuará acontecendo até que se encontre, em vez de galinha preta e farofa amarela, um guarda em cada cruzamento. Sei que não fica bem, para almas puramente formadas como as nossas, sentir satisfação e gozo pela desgraça dos outros. Mas, se o caro leitor lá estivesse e fosse, como eu, proprietário de um frágil automovelzinho — comprado sabe Deus como e em prestações quantas —, sentiria, da mesma forma, um inefável prazer ao contemplar a pitoresca paisagem da trombada de um lotação contra um carro oficial.

Logo os dois! O chapa-branca fora apanhado pelas costelas, enquanto o lotação lá estava, de nariz achatado e farol partido, numa curiosa mistura de Camões com um cachorro buldogue.

Integrei-me ao grupo exatamente na hora em que os dois motoristas descompunham as respectivas mães. Providencialmente, porém, surgiu um guarda de motocicleta que veio tomar conhecimento do assunto. Assim que se aproximou, o chofer do lotação, profundo conhecedor dos costumes da terra, tentou suborná-lo, discretamente, passando-lhe duas centenas de cruzeiros por trás da batina de um padre improvisado em biombo. Foi repelido ferozmente. Aos berros. Gritou o guarda, para que todos ouvissem, que era preciso acabar com a mania de suborno à autoridade. E disse mais: que o Brasil precisava ser consertado com urgência! — opinião que veio se chocar em cheio com a do motorista, que achava que o que precisava ser consertado com urgência era o seu veículo. Nessa altura, o grupo já era bem maior, contando-se umas vinte crianças, quarenta trabalhadores que haviam faltado ao serviço, algumas senhoras honestas, uma senhorita de aspecto duvidoso, todos os bêbados dos botequins em torno, o padre já citado e uns quatro soldados da radiopatrulha empunhando o cassetete, que é o Código Penal em bastão.

Quando o guarda deu por terminado o serviço, com a apreensão das carteiras e demais providências, tornou a montar na motocicleta e o grupo se dissolveu. O lotação, gravemente atingido, lá ficou inerte, paralítico, de boca repuxada, à espera de um pronto-socorro mecânico. Quanto ao chapa-branca, também ferido na batalha, mas não em órgãos tão vitais, ainda teve forças para caminhar, vagarosamente, agora sim, lerdo e pesado como as coisas públicas.

9/11/1954

JARDIM DE SAMBA

. . . .

Não sei de quem foi a idéia de estender canteiros na praça Onze. Sei apenas que, a estas horas, deve estar mergulhado em seu remorso diante do triste espetáculo das flores tão tragicamente desaparecidas, calcadas sob os pés carnavalescos dos ranchos e das escolas. De nada, absolutamente de nada, valeu a advertência do experimentado sambista que dizia: "A praça Onze não acabou".

Prevaleceu, ao aviso da cantiga, a teimosia do administrador que, por má inspiração, resolveu transformar um jardim, especificamente de samba, num outro eventualmente botânico. Seria apenas, deve ter pensado, uma troca de plantas: troco a planta dos pés por uma planta propriamente dita e pronto! E, assim, aquelas terras, antes revolvidas pelos pezinhos perfumados de baianas e cabrochas e pelos volumosos artelhos e calcanhares dos tocadores de cuíca e tamborim, foram trabalhadas pelas ferramentas oficiais até se transformar em berço — hoje túmulo — de plantinhas dóceis. Que iam vivendo a sua vida, verde e despreocupada, chupando do solo, de mistura com os sais minerais indispensáveis, o suor dos velhos blocos que por ali sambaram.

A verdade, porém, é que aquelas plantas e aquelas flores não enfeitavam um defunto — a praça Onze não morrera. A dificuldade de vida — com gente pobre ficando mais pobre — é que a levara a um grave estado de catalepsia carnavalesca, simulando morte para o leitor, mas, apenas, requerendo cuidados para o especialista. Apesar de totalmente imobilizada, seu coração sempre batera na cadência do samba.

Tanto assim que, este ano, despertou feliz, cheia de saúde, saudando o povo e pedindo passagem para seus ranchos luminosos.

Pena que, sob seus pés, tombassem sem beleza e sem nenhum heroísmo as inocentes plantinhas que um senhor ingênuo da municipalidade fez plantar ali. Quando a festa acabou, já o coração das flores jazia esmagado num mar de seiva. E, no dia seguinte, quando o sol da Quarta-Feira de Cinzas chegou medroso, espiando frio pelo recorte dos olhos de uma nuvem que lhe servia de máscara, observou-se, sobre os canteiros destruídos, um melancólico beija-flor deitando em todas as pétalas de cada flor um beijo respeitoso e breve, como última homenagem de um amigo certo.

26/2/1955

O CHINÊS JOAQUIM

Ora, que aconteceu o que ninguém supunha acontecível: um Joaquim chinês! Jogador de basquete do escrete da China! Ao lado de um Ling e de um Fong, um Joaquim. O rapaz, assim que anunciado, tornou-se o alvo da atenção e da curiosidade da torcida, que o recebeu com uma estrondosa salva de palmas (a tradicional amizade luso-brasileira, cada vez mais sólida). Era um pouco de Portugal que ali estava, na pessoa do chinês Joaquim: um pouco do bravo sangue de Cabral, que é um pouco do nosso sangue e, portanto, um pouco do sangue de cada torcedor. Foi uma presença que alegrou a todos. Contudo, ficou-me a interrogação: como?

Como foi parar na China aquele Joaquim de pele amarela e olhos amendoados? Teria ido para lá adulto, por sua própria deliberação, ou nascera no Celeste Império por obra e graça de um ancestral turista que, desancorando da escola de Sagres, foi descobrir Xangai por acaso?

É tu mesmo, Joaquim? Renegaste teu povo e tua raça? Continuarás bebendo teu chá entre garotas com icterícia, enquanto te esperam vinhos saborosos e cachopas de faces de romã?

Preferes te banhar nas águas do Iang-Tsé-Quiang, quando as suaves marolas do Tejo te envolveriam com mais ternura e familiaridade?

Confúcio não te pode falar mais à alma do que Antero, nem Lin Iutang mais do que Camões.

E teus bigodes, Joaquim? Ah, os teus bigodes! Numa terra em que o rabicho tem todo o prestígio, eles devem ter se sentido tão exilados quanto esses pingüins sem bússola que estouram por aqui.

Mas tu deves guardar algum hábito hereditário. Possivelmente um toco de charuto bem lá no fundo do bolso do colete, para os dias de enjôo do narguilé.

E quero ser mico de circo se não andas cantarolando "Coimbra" pelas ruas de Nanquim. Mas tu precisas me contar essa história.

Se os teus deveres de atleta permitirem alguns minutos, telefona para combinarmos um almoço. Sem arroz. E olha, Joaquim: eu sei onde tem uma bacalhoada de vitaminas truculentas! E, pra início de conversa, vou mandar gelar meia dúzia de pretas barrigudas. Ah, ia me esquecendo: o Flávio Costa me disse que o Vasco domingo vai dar um banho! Estou te esperando, velho!

10/11/1954

A BOMBA DE CARACTACO

. . . .

Amigos de Manuel Barcelos, o mágico presidente da ABR que conseguiu arrancar da pobre cartola um hospital para todos nós, ofereceram-lhe um inesquecível churrasco por ensejo do seu aniversário natalício.

A turma do rádio — desejosa de prestigiar tão brilhante colega — compareceu em massa, contando-se muito mais gente para comer do que para votar. Tudo muito bom, com abraços sinceros, boi macio e farofa com manteiga. Nos copos, graças ao autocontrole de alguns e à parcimônia dos donos da casa, as águas rolavam moderadamente.

Creio não ser preciso informar que foram servidos alguns discursos mais ou menos saborosos. Sucediam-se, uns atrás dos outros, como a história dos carneirinhos sob a ponte. Mas todos continuavam comendo, botando um olho e meio no boi e meio olho apenas no orador.

Pela quinta ou sexta vez, alguém pede a palavra e, aberto que fora o precedente, esta lhe foi imediatamente concedida: "Meus senhores e minhas senhoras. Como disse certa vez o grande e heróico Caractaco…".

Puuuuuuuuum! A bomba de Caractaco explodiu sobre a mesa! Violenta! Mortífera! Tremenda!

É-me impossível descrever com palavras o pânico que se seguiu ao impacto. Pessoas inteiramente imobilizadas, algumas com o garfo a meio caminho da boca, apresentavam um aspecto sui generis de imbecilidade e pavor, com os olhos pendurados nas órbitas e o queixo mole como de boneco de ventríloquo. Eram fisionomias que qualquer professor de medicina classificaria como "fácies de Caractaco".

O garçom, tão atencioso quanto calvo, com o susto, fungou sobre a bandeja de farofa, polvilhando o ar de uma densa neblina de mandioca. Um perigosíssimo estilhaço de Caractaco, que saíra em trajeto helicoidal, foi se arremessar contra os ouvidos do gerente da casa, que se apressou em dar as diplomáticas explicações: que desculpassem não ter sido servido o Caractaco, aliás uma das especialidades da casa, pois o único cozinheiro que sabia prepará-lo havia se despedido naquele dia.

Passado o grande susto e normalizadas as fisionomias, pesquisou-se a solução do enigma. Quem foi Caractaco? Que espécie de herói teria sido esse, cujo nome fazia lembrar, ao mesmo tempo, planta do deserto e ovo de lombriga?

Olhares se entrecruzavam no ar em busca da resposta que não vinha.

Na mesa ao lado, uma senhora mais ou menos surda, e que ouvira mal o nome pronunciado, começou a chamar a gente do rádio de desbocada.

Melhor idéia ocorreu a um famoso animador de auditório, que registrou o nome num caderninho para transformá-lo em teste valendo duzentos cruzeiros a resposta certa. Mas quem teria sido Caractaco? Velho professor de história, conhecido meu, que mastigava tranqüilamente um pernil com batatas, retirou-se sorrateiramente, evitando talvez que eu lhe perguntasse: "Quem foi Caractaco?".

O movimento cresceu. Gente ia e vinha de um lado para o outro, por cima e por baixo da mesa, buscando todos a solução do enigma. Quem foi Caractaco? Na cabeceira da mesa, o convidado mais gravemente ferido era um produtor de óculos, que levianamente havia citado Platão e Rui Barbosa em seu discurso e que se encontrava inteiramente acachapado pelo Caractaco. Daquele momento em diante tudo perdeu o sabor próprio. Alcatras, vinhos e cebolas passaram a ter gosto de Caractaco.

Sei mesmo de um colega que, não tendo passado bem no dia seguinte, teve que se submeter a exame de raio X em busca de uma possível úlcera de estômago. O resultado, felizmente, foi negativo. O laudo radiológico apenas acusou "presença de alguns Caractacos na parede do órgão", coisa sem nenhuma importância e que recebeu esse pomposo nome em homenagem ao primeiro homem que de tal se queixou: um eminente chefe bretão que lutou contra o imperador romano Cláudio no século I.

16/11/1954

MARIA
DOS 2555 DIAS

. . . .

O homem chegou à praia, tonto como piorra que perde o impulso, e gritou "Maria!" na beira do mar. As ondas que vinham chegando, embrulhadas no vento, voltaram depressa e gritaram "Maria!" para fora da barra. Depois o homem contou que não era doido nem bêbado. Ou melhor: se estava bêbado era por culpa de uma Maria que o pusera doido.

Uma impressão muito forte, negócio de amor à primeira vista, que nasceu num "roda-roda" de samba de gafieira, cresceu num chorinho de Zequinha de Abreu e fez ponto final com os acordes de "Cidade maravilhosa". Maria, naquela noite, estreitada em seus braços, marcara um encontro na praia pela manhã. Nem precisou perguntar a cor do maiô de Maria, que o feitio do corpo, o jeito de andar e o contorno do rosto, gravados como estavam em sua retina, bastavam para reconhecê-la entre muitas. E dispensou-se de perguntar "a que horas", que saindo dali iria esperá-la na praia mais próxima, bem antes do sol.

Agora um parêntese: se você, lendo esta história, triste mas verdadeira, está pensando que Maria faltou cinicamente a esse encontro, sou obrigado a esclarecer que está com toda a razão.

E não se surpreenda também quando eu lhe disser que o caso se passou há sete anos, e não por esses dias, como você poderia estar pensando.

Sete anos significam 2555 dias e, portanto, há 2555 dias esse pobre tonto vem perguntando por uma Maria às areias da praia, às águas do mar e às brisas do céu. Chama por Maria porque dela só conhece o nome. Para ele, ela é Maria só. Maria simples. Maria pura, que as mais românticas Marias não devem ter sobrenome — Maria Pereira ou Maria da Silva é ridículo, grotesco, nome de personagem de crônica policial, de mulher assassinada pelo amante.

— Ela há de vir — diz ele. — Deve estar tonta, como eu, me procurando por uma dessas praias. Não marcamos em qual. Marcamos na praia, e elas são muitas. São apenas sete anos que se passaram e meu amor é maior. Creio que o dela também há de ser. Um dia, que já não deve estar longe, há de coincidir que estejamos nos procurando na mesma praia e o encontro será fatal e inevitável como a própria morte. O senhor não está comigo?

— Naturalmente que sim — respondo eu, que sempre estou com os bêbados e os apaixonados.

— Então me dá licença, que ela pode estar me esperando e eu não quero chegar atrasado.

Dizendo isso, voltou-se para o mar e chamou por Maria, mais alto do que das outras vezes. Muitas mulheres olharam para ele. Ele as olhou rapidamente, apenas o tempo necessário para se certificar de que nenhuma delas era a sua Maria. Depois, o homem, tonto como piorra que perde o impulso, foi andando, saiu da praia, atravessou a rua, tropeçou num degrau da porta do botequim, galgou-o e mergulhou a fisionomia num copo da mais legítima Pitu.

20/12/1954

CARMEN NOS SALVARÁ

. . . .

Atenção, Pixinguinha, Benedito, Donga, Russo, Ary, Lamartine, Assis, Caymmi, Almirante, sambistas da velha-guarda, atenção!

Carmen Miranda chegou! Que a United Press, a Asa Press, a Havas, a Brasileira, a Nacional, a Western e não sei mais quantas comuniquem com a máxima urgência a todos os povos, de todos os mundos, que Carmen está no Brasil, "terra de samba e pandeiro".

Que se iluminem imediatamente as escolas de samba e que se enfeitem os terreiros da mais branca lua e das mais faceiras cabrochas; que os poetas populares — ricos de inspiração e pobres de gramática — façam seus versos em torno; e que os moleques de Mangueira, Favela e Estácio disparem atrás dos gatos, para que a ninguém falte um tamborim ou uma cuíca; e que os seresteiros anônimos, aqueles que só sabem o dó maior do violão, desempoeirem o instrumento aposentado e cantem qualquer coisa em homenagem: o "Taí", que todo mundo sabe.

O que é preciso dizer, e mostrar, é que Carmen chegou. A nossa Carmen! Sempre nossa. Mesmo quando nos sentimos por ela abandonados, dizíamos "nossa". Sem muita convicção de posse, mas sem querer acrescentar ao "nossa" qualquer palavra que sugerisse "ingratidão". Mas bem que pensávamos assim, à medida que a areia escorria na ampulheta do tempo.

Agora o que precisamos é pedir a ela que fique um pouco para que, sem gritaria de auditório nem balbúrdia de fã-clube, torne a nos ensinar o samba puro, o genuíno samba brasileiro, que a importação de boleros deturpou quase irremediavelmente.

Carmen certamente nos salvará.

E, se tudo não estiver correndo por conta de um lírico sentimentalismo, penso que a simples presença de Carmen na terra já imprimiu um ritmo de samba em nossas atividades: o menino que carrega marmitas passou batucando nelas; a morena mais morena da minha rua desfilou numa ginga diferente; e a pancada da chuva forte batucou a noite toda no zinco da varanda.

E, como "simples, mas sincera homenagem" à Pequena Notável, numa pequena sala de uma rua do Grajaú batuca-se uma crônica ao ritmo de um samba do rádio vizinho.

8/12/1954

ACHADOS E PERDIDOS

. . . .

Achei uma aliança. Traz uma data — um certo dia do mês de agosto de 1952 — e um nome — Dulce.

Tomara que tenha sido perdida sem querer e que o

fato tenha consternado a ambos, que aliança, embora uma, sempre pertence a dois...

E que de modo algum tenha sido arrancada em desespero, em momento de mágoa ou incompreensão. E, se assim foi, antes por ciúme — que ainda se pode consertar — do que por cansaço, que aí só se acha conserto num amor novo. É que uma aliança, numa calçada de rua, tanto pode ser jóia como ponto final.

Como ponto final, desfecho infeliz de sonho acalentado, seu túmulo, última morada, jamais deveria ter sido um trecho de calçada de rua, que todo mundo pisa. Numa aliança atirada fora, já estão os sonhos por demais esmagados, por nós mesmos, sem que pés estranhos precisem pisá-los mais.

Como ponto final, é preferível atirá-la ao mar, sempre mais profundo do que qualquer desilusão, para que o segredo do amor extinto fique apenas entre peixes e escafandristas.

Mas talvez não tenha sido nada disso. Como a aliança traz o nome dela, naturalmente que pertencia a ele. E, pelo diâmetro da argola, vê-se que foi executada para um cavalheiro bem nutrido, desses que levam o ponteiro da balança a inclinar-se, com reverência, até os cem ou cento e vinte quilos. Quem sabe, então, se por regime ou doença, foi o pobre senhor emagrecendo, emagrecendo, a ponto de folgar-lhe no dedo a aliança?

Se assim foi, toda essa tragédia que estivemos imaginando, eu e vocês, é inteiramente falsa, e a solução estará num regime de engorda, com muita gordura e muita vitamina.

Para tranqüilidade da moça, e pelo muito respeito que me merece dona Dulce, nem formularei a hipótese de seu noivo, ou marido, ter atirado fora a aliança, precipitadamente, por ter esbarrado na rua com algum pecado a quem ele se declarara solteiro ou sem compromisso...

De qualquer maneira, como prova de que ainda há muita gente honesta nesta metrópole, declaro que ontem, por volta das dez horas de uma manhã de sol, entre as ruas do Ouvidor e Uruguaiana, achei uma aliança.

E talvez se tenha perdido um amor.

13/1/1955

NERO

. . . .

Dou testemunho de que não mandou matar a própria mãe — que morreu hidrófoba sob a nossa vista —, que nunca empunhou lira, violão ou cavaquinho e que nunca pôs fogo em coisa alguma, a não ser, certa vez, no calcanhar de um leiteiro descuidado que entrara no jardim de modo meio maroto. Portanto, se o batizaram de Nero, deve ter sido em honra a um outro Nero qualquer e não ao célebre romano incendiário, primeiro e grande tarado da História. Nero, como já perceberam, é um cachorro. Cachorro honesto, com documentos em dia, matriculado, vacinado, bígamo como qualquer cachorro, contraindo núpcias toda vez que encontra o portão aberto.

Como pessoa de confiança, a ele estava confiada a guarda da casa e da família (mulher, filhos e a minha própria). Sendo um cão introvertido, era de pouco latir, limitando-se a um lacônico au-au, sendo, por isso, um cão de tipo dissilábico.

Melhor assim. Sabe-se, por experiência, que as pessoas que falam pouco são mais ferozes e perigosas. E Nero confirmava a regra. Era capaz de sozinho guardar, não só uma casa, mas uma rua toda e até mesmo um bairro.

Coloco o verbo no passado, não porque tenha morrido, mas porque envelheceu. E com os velhos é melhor falar do passado que do presente ou do futuro...

Nero já é avô de muitos cachorrinhos, e quando uma pessoa, ou cão, chega a ser avô, a alma já está mais pura e o coração mais doce.

Não foi por outra razão que Nero foi ontem aposentado, com ração integral de carne, e condecorado pelos bons serviços prestados. A família toda compareceu à solenidade, inclusive um gato angorá que apareceu há tempos por lá e foi ficando. Motivou a resolução extrema o fato de nosso galinheiro ter amanhecido vazio, tendo o ladrão penetrado sem que Nero nos desse o menor alarme. E com uma agravante: um vizinho afirma que

Nero estava com um homem dentro do galinheiro, não tendo dado maior importância ao fato por julgar tratar-se de pessoa da casa. Mas essa pequena cumplicidade foi rapidamente esquecida para que a comemoração pudesse ser feita. Que foi muito breve e muito comovente.

Contudo, para que a tranqüilidade de nossas noites não fosse quebrada, assumiu o governo noturno da casa um novo hóspede canino, que, além de atender a um estalar de dedos, atende ainda pelo nome de Rex, nome tradicional de cachorro, tão popular como o de José entre os homens.

Rex estreou, aliás, auspiciosamente. Com enorme sucesso. Correu e latiu a noite toda, indo e vindo pelas laterais da casa, transmitindo imediatamente confiança total à família. Só descansou de manhãzinha, quando o sol brotou no céu e as primeiras janelas se abriram. Mas não creio que continue nessa atividade pelos dias afora. Deve ser coisa de empregado novo que quer mostrar serviço.

Quanto a Nero, ao contrário do que se imaginava, não mostra ciúme. Tem comido e dormido bem, de barriga para cima e escarrapachado na sombra, com o cinismo e a indolência de quem tem mais de dez anos de casa e estabilidade garantida.

18/1/1954

NO VENTRE DE *JONAS*

. . . .

Ganhei um barco. Presente de amigos zelosos que pressentem o meu naufrágio e querem evitá-lo. Assim, de uma hora para outra, sem consultar vocação e sem aviso prévio, passei de cronista a marinheiro, sem a menor cerimônia. E logo eu, que na vida ando remando contra a maré.

Minha passagem pela marinha foi das mais efêmeras, sem nenhum brilho, durando apenas o tempo que levei para esgarçar uma roupinha marinheira que meus pais tiveram a gentileza e o mau gosto de me ofertar. De qualquer maneira o presente dos amigos valeu e praza aos céus que possa levá-lo sempre ao porto seguro da amizade de cada um.

O elegante barco que chegou pagão foi batizado domingo com alvoroço. Recebeu na praia batismal o brilhante nome de *Jonas,* distinta homenagem ao profeta que, segundo a Bíblia, fez um week-end de três dias no ventre de uma baleia.

Destino igual, porém, não lhe estará reservado. O respeito que tenho pelo mar e seus mistérios só me autoriza a navegar pelas beiras de praia, onde baleia não dá pé e os baiacus não têm guelras para tragá-lo.

Jonas, se desejam saber, é um belíssimo barco, azul e vermelho, capaz de transportar, e sem beber um só gole d'água, de seis a oito passageiros, de preferência que saibam nadar. Mas, apesar da sua imponência, espero que seja modesto nas pretensões. E se, no âmago de suas fibras, não acalentar desejos de vôos longos, haveremos de nos entender perfeitamente. As grandes viagens eu as farei sozinho, nas asas da imaginação, inspirado na contemplação de um céu escampo, embalado em seu colo, sobre as ondas suaves.

Devo informar ainda que *Jonas* é um barco extremamente versátil, pois se locomove a vela, a remo e a gasolina. De minha parte hei de sempre preferir movê-lo a gasolina porque, se o petróleo é nosso, muito mais nossos são os braços e os pulmões. *Jonas*, desde que o recebi, me pareceu boa pessoa; dentro d'água, então, parece ser dócil e obediente. Contudo, alguém me adverte de que devo ancorá-lo seguramente. Que outros, iguais a ele, costumam fugir com o sudoeste para longe e para sempre.

Mas não! Se estamos numa democracia, liberdade acima de tudo. E depois, se fugir, pior para ele, que irá sozinho por esses mares, sem destino, sem bússola e sem esperança, que eu, humilde mortal, continuarei profundamente ancorado nesta terra, neste mar e em um coração.

31/12/1954

O CAPITÃO E O BOY

. . . .

Digamos que foi há muito tempo. Não vale a pena precisar época e nomes. Afirmo apenas que foi verdade. Os personagens foram dois: um capitão, que trabalhava na Rádio Nacional, e um mensageiro da Western. Tipo do capitão: baixinho, roliço, de cabelos grisalhos. Tipo do mensageiro: magrinho, mulato, na flor da idade. Trabalhava desde que o sol nascia, ao contrário do capitão — que trabalhava pouco mas andava de um lado para o outro, ininterruptamente, numa diligência que meu amigo Otacílio, contra-regra da rádio, genialmente chamou de "atividade de rabo de cachorro": trabalha muito, mas realiza pouco.

O capitão sempre chegava tarde ao serviço. No primeiro dia em que chegou cedo, encontrou no saguão do edifício de *A Noite* uma enorme fila para o elevador. Ficou nervoso. Irritado. Precisava subir imediatamente. Urgentemente. Percorreu a fila com olhar feroz, mas ninguém lhe cedeu a vez. O capitão estava à paisana e, apesar do olhar furioso, ninguém é obrigado a reconhecer um capitão à paisana; e, mesmo reconhecendo, só cederá o lugar na fila se quiser. Aconteceu que ninguém quis.

E, dizendo ninguém, estou incluindo o boy da Western, que continuou tranqüilamente em seu posto. O capitão, porém, sugeriu que ele lhe cedesse o lugar.

Houve a negativa. O capitão informou que era seu dever ceder o lugar aos mais velhos. O rapazinho replicou que os mais velhos deviam chegar mais cedo. Resposta malcriada, por certo, mas, em todo caso, de quem estava com toda a razão. O capitão, insultado, gritou que era capitão e o mensageiro gritou que era mensageiro. O capitão, então, gritou outra coisa: que ele respeitasse a farda.

Como o capitão estivesse à paisana e o mensageiro fardado, os que assistiam à briga ficaram sem saber que farda o rapazinho deveria respeitar: se a do capitão, que ficara pendurada num armário, ou a sua própria, que trazia suada no corpo.

Essa dúvida, aliás, nunca chegou a ser esclarecida, mas também não vai influir no desfecho da história — que foi inteiramente ridículo e inesperado para os que assistiram a ela, como espero que seja para os que a lêem. No auge do desespero, sentindo-se humilhado por aquele simples mulatinho, o capitão não se conteve e pespegou-lhe um tabefe que estalou seco numa das bochechas.

Como resposta, imediata e violenta, recebeu uma saraivada de socos no abdômen e um, particularmente forte, com vistas à mandíbula, que o pôs a nocaute momentaneamente.

Quando conseguiu levantar-se, com os olhos esbugalhados e tremendo de ódio, o fez disposto a vingar-se. Espumando de raiva, abriu a pasta que trazia sob um dos braços e remexeu-a procurando alguma coisa.

Uma arma, pensamos todos. Um canhão ou uma metralhadora, que um capitão não deve fazer por menos. Todos os olhos se fixaram na figura espumante do capitão. O mensageiro, não querendo passar por covarde, esperava com medo o resultado daquela busca. Quando aquela mão regressasse daquela pasta de couro, seria a tragédia. Quando aquela mão viesse...

E ela veio. Foram apenas alguns segundos mas que pareceram horas. Ela veio e, com ela, franca e cristalina, uma gargalhada só, uníssona, partida de todas as bocas. É que, em vez do canhão portátil ou da metralhadora de bolso, saíra um suave e meigo canivete, inofensivo como uma virgem, rebrilhando ao sol. O capitão ainda tentou impor respeito. Rilhou os dentes e partiu cruel. Mas, quando brandiu a arminha, maior tragédia lhe estava reservada: de dentro de sua pasta de couro — oh, humilhação das humilhações! —, tombou no chão, e esparramou-se todo, um doméstico pacotinho de massa para sopa.

Massa de letrinhas, dessas letrinhas que as crianças vão tirando do caldo para formar nomes nas margens dos pratos.

Tão ingênuas, tão domésticas, tão alimentícias, mas profundamente ridículas nas mãos de um capitão feroz, senhor dos homens, das guerras e das filas dos elevadores.

27/12/1954

LUZ VERMELHA

. . . .

Somos seis dentro do automóvel: três casais e duas crianças (as crianças nunca se contam como passageiros, cabendo sempre quantas houver). A chuva que desabou pesada sobre a serra está agora a nos preocupar: é que o asfalto úmido e lustroso, mais do que o necessário, faz gingar o carro em cada curva. À minha frente, o "lambe-lambe", incansável como dona de pensão suspeita, vai empurrando a chuva de um lado para o outro, cumprindo sua missão com relativo êxito. Os faróis — esplêndidos faróis alemães que sempre espiaram mais longe que seus colegas americanos — é que se encontram inteiramente subjugados pelo temporal: a luz que me fornecem é pouca e a segurança mínima. Redobro as precauções e continuo subindo a serra, em marcha muito reduzida, quase a passo de homem.

Nesse momento todos nós concordamos que o perigo pode estar em qualquer lugar: na guerra, numa estrada, em casa e até mesmo no espinho de uma rosa, fato que a todos deu novo ânimo e renovou o estoque de sangue-frio que se fazia escasso. Com isso, voltamos a confiar nos pneumáticos, nos faróis, no "lambe-lambe", e sinto que cada um abriu um crédito de confiança à perícia do motorista. O único amparo extraterrestre que possuímos, tilintando no painel com os solavancos do carro, é uma medalha de são Cristóvão — padroeiro dos motoristas, um tanto ou quanto desmoralizado em seu ofício depois do advento dos lotações. Depois de duas horas de viagem, assustada e temerária, recebo na estrada o aviso de uma luz vermelha: PERIGO!

Paro. Melhor que confiar na vista é saltar e observar de perto. Observo. E com toda a certeza de que erramos o caminho, pois ali a estrada termina. A estrada e a vida. Encontro-me diante de um precipício, sem fundo, cheio de noite, que por certo nos tragaria numa morte inglória. Não fosse a simples lanterninha de luz vermelha ali pendurada e, lá embaixo, já haveria uma pirâmide de gente e máquinas.

Penso orgulhoso que ela ali está, de olho aceso e vigilante, porque apesar dos pesares a solidariedade humana — burocratizada ou não — fez com que um homem pensasse na vida de outros homens e determinasse a sua instalação.

Antes, portanto, de agradecer a Deus e aos anjos, agradeço aos homens, que também são sua obra. A esse anônimo que nos salvou a vida.

Lanço um último olhar à lanterninha vermelha e retorno ao volante. São quatro horas da madrugada e continuamos vivos.

Na margem da estrada, dentro da noite e dentro da mata, indiferente e úmido, um vaga-lume segue gastando a sua pedrinha de isqueiro.

14/12/1954

COM ESTES OLHOS

. . . .

Não, doutor! Confesso que não usarei os óculos que me receitou para que eu enxergue melhor. Nem mesmo vou experimentá-los. Sei de antemão que é difícil — profundamente difícil — acostumar-me com outra fisionomia que não seja esta, tola e inexpressiva, mas que me acompanha há tantos e tantos anos, e a quem dirijo o meu primeiro bom-dia na hora em que faço a barba. Mesmo que os óculos, meu caro doutor, me conferissem um elevado grau de inteligência (as pessoas acreditam mais na inteligência de um homem de óculos) — com o que poderia iludir ainda mais os meus semelhantes —, não os usaria. Penso nos amigos, doutor.

O risco de não ser reconhecido pelos poucos que tenho, e que sempre restam a cada um de nós, me desarvora. Tenho a impressão de que eu só voltaria a ser eu mesmo no dia em que esquecesse o estojo num banco de ônibus, ou mandasse trocar as lentes que se quebrassem. E depois, doutor, não é só a vista que está cansada: é este corpo todo e esta alma inteira. E quem sabe, doutor, se estes meus olhos — exaustos de tanto olhar o mundo e de chorar amores — já não estão mesmo na hora de irem se apagando. Já se alegraram um pouco e já sofreram muito.

Com estes olhos, doutor, vi nobres poderosos e plebeus miseráveis; com estes olhos, doutor, vi santos na fogueira e hereges em altar; com estes olhos, doutor, vi os olhos de queridíssimos amigos fecharem-se para sempre; com estes olhos, doutor, como todos os olhos de todo mundo, vi mais desgraças do que venturas.

Não, doutor, não usarei os óculos que me receitou. Talvez já não tenha nem mesmo espírito para suportar um apelido de Haroldo Lloyd ou Gato Félix, que certamente ganharia de um velho amigo, mestre na irreverência e que se especializou em tal. O mesmo que apelidou um senhor gordo que piscava muito de Bóia Luminosa.

Não, doutor, não usarei os seus óculos. Diz o senhor que o prejuízo será meu. É fato. Estou inteiramente alertado e a sua responsabilidade sanada. Mas não creio que me arrependa.

O pouco de vista que me resta ainda é o bastante para que eu possa visitar as páginas do Eça e do Machado.

23/11/1954

A "BELEZA" NA AVENIDA

. . . . .

Ninguém — nem em pintura, escultura, desenho, descrição, retrato, cinema, teatro ou sonho — ainda tinha visto maior ou semelhante beleza. O rosto era lindo e pálido, de uma rara beleza oriental, os braços claros e suaves como raios de lua e a cintura, em funil, permitindo que a gordura em dose certa escorresse para as ancas, que davam a impressão de traçadas a compasso. Vinha pela avenida, crivada de olhares.

Sabia disso. Andava devagar, mais devagar do que o normal do passo, que os olhos dos homens sobre seu corpo e seus vestidos pesavam demais. Eram milhares de olhos, pares de olhos, que se distribuíam pelas partes visíveis da silhueta e nos pontos mais favoráveis e estratégicos da toalete: barra da saia, gola, mangas etc.

Aglomeração maior via-se na área limitada por um extenso decote, triangular, onde os olhos se amontoavam: de velhos, moços, de senhores muitíssimo ricos e esperançosos, de senhores apenas esperançosos, de sem-esperanças, de desesperados e de quase-suicidas (aquele decote, em posição horizontal, seria uma bandeja de olhos).

A "beleza" continuava andando. Quando passou por baixo de um edifício, os olhos de um senhor que estava na sacada despencaram por dentro do seu decote. Felizes! Os olhos da esposa, que estava ao lado, também se despencaram atrás dos do marido, mas tão afobados que bateram de encontro ao debrum e tombaram na calçada, de onde foram retirados vermelhos e cheios de cisco.

Nesta época de suposições interplanetárias, fico a pensar que a "beleza" talvez tenha vindo de Marte, Vênus ou Lua. Se fosse cá da Terra, certamente já teria sido miss qualquer coisa, rainha de algum clube ou, pelo menos, corista francesa do Walter Pinto. Ou quem sabe santa, que beleza tanta não se pode guardar ou esconder por muito tempo.

Meus olhos procuraram pouso inutilmente: rosto, pescoço, busto, braços, ombros, ancas e panturrilhas, lotados! Havia olhos inteiramente soterrados que prefeririam chorar a voltar às órbitas; havia pencas de olhos balançando nas barras e olhos pretos, úmidos como mexilhões, presos e pesando em seus cabelos.

Meus olhos pedem para acompanhá-la, precisam ir, que o desejo os arranca. Nem que seja preciso afastar um par de olhos, tirá-los à força ou cegá-los de vez. Meus olhos precisam ir. Loucos e apaixonados, percorrem a "beleza" de cima a baixo na derradeira esperança.

De repente estancam! Arregalam-se! Precipitam-se: os calcanhares! Estão livres! Vazios!

Meus olhos saltam e grudam-se neles como flechas de tiro ao alvo. E caminham! Tenho que segui-los, que são eles que me guiam por este triste mundo. Sigo-os de perto, com todo o cuidado, calculando os passos com os passos da "beleza". Devo estar alerta porque, se ela parar de repente, para olhar uma vitrine ou cumprimentar uma amiga, sou capaz de pisá-la e esmagar, com meus próprios pés, os meus próprios olhos.

Se isso acontecesse, ela, a estranha beleza, que ninguém ainda viu nem em pintura, escultura, desenho, descrição, retrato, cinema, teatro ou sonho, jamais acreditaria que, por sua causa, alguém se tornara triste, humilde e sem olhos para ver as coisas.

7/12/1954

PAREDES DE MIM MESMO

Lins de Vasconcelos, pela pureza do clima e silêncio das noites, já foi lugar recomendado para pessoas fracas. Hoje, com ladrões fazendo footing e malandros à solta, só se recomenda às pessoas fortes, bem armadas e de pouco amor à vida. E se você já foi ou não foi à Bahia, mas ainda não foi a Lins de Vasconcelos, então vá! Não tem caruru nem mungunzá, mas tem uma rua chamada das Mangueiras, com Rosas e Carlotas pelas calçadas, que é doce como canção. Cruzando-a perpendicularmente, através de um pequenino beco, você chegará à rua paralela que desce suavemente para a Fonte do Maduro (Fonte das Águas de Nazaré), aonde, nos domingos e feriados, chegam namorados com sede de amor e pessoas doentes que vão lavar o fígado.

Advirto que ninguém deverá se surpreender com o número de cegos que encontrar pelos caminhos: lá em cima, na rua das Mangueiras, construíram um asilo para eles. É um casarão todo branco boiando no verde (um asilo de cegos dentro de uma paisagem tão singularmente bela não é um socorro; é um castigo).

As casas da rua das Mangueiras são todas antigas e líricas. Muitas delas trazem na fachada nomes como Vila Amélia, Lar de Zulmira etc. etc. A mais triste e mais melancólica, porém, é uma casa pequena, de dois quartos e duas salas, de portas e janelas verdes e que agora começam a demolir. A metade já está no chão, e o que resta de pé não há de durar muito. São uns poucos homens, modestos operários de mãos calosas, que se encarregam da ingrata tarefa e que jamais entenderão o que lhes pedi: que a demolissem com carinho, tijolo por tijolo, sem ferir de picareta e martelo aquelas paredes amigas.

Não tive coragem de lhes dizer que minha infância, que se guardava ali, vai perder o pouso. Durante a conversa os operários me informaram que vão construir um prédio de quatro andares, com elevador e tudo.

Naquela época, há mais de vinte e cinco anos, era difícil imaginar que os engenheiros da Otis entrassem por aquela porta para instalar o progresso.

Corro depois ao quintal (ah, o quintal!) e procuro a mangueira que, quando saí, deixei jovem e verde. Encontro-a matrona e cheia de frutos. Mas deve ter me reconhecido, porque deixou cair sobre os meus ombros, como pancada de mão amiga, um dos melhores e mais belos rebentos.

E na rua, como antigamente, vem passando um boi que um menino conduz. Lento e pesadão, vai esmagando no barro os últimos sonhos que porventura eu tenha esquecido por lá.

2/12/1954

POSFÁCIO

MAX NUNES O METALÚRGICO DO HUMOR

. . . .

Na história do humor brasileiro, Max Nunes poderia figurar ao lado de Millôr Fernandes. Afinal de contas, foi Max quem bolou esta pergunta: "Por que o homem, quando criança, é tão agarrado à mãe e, depois que cresce, é tão agarrado à mãe dos outros?".

Ou do barão de Itararé, por conta desta definição: "Duplicata é essa coisa que sempre vence. Nunca empata".

Max, porém, figura é ao lado de Lauro Borges, Castro Barbosa, Silvino Neto, Haroldo Barbosa, J. Rui, Afonso Brandão, Hilton Marques, José Mauro, Chico Anysio, Mário Meira Guimarães e Jô Soares, categoria nada inferior. A exemplo desse grupo, quase sempre fez humor para rádio, teatro-revista e, nas últimas décadas, para televisão. Ou seja, parte do brilho e da eficácia de suas piadas era suprida por um comediante. Os lero-leros do Primo Rico com o Primo Pobre se sustentam impressos, mas tinham outro sabor com as vozes e as inflexões de Paulo Gracindo e Brandão Filho.

De todo modo, dá gosto ver como tantas coisas engraçadas que ele escreveu resistem à ausência de um ator e não perdem seu efeito quando apenas lidas pelos olhos de qualquer um de nós. Nisso, ele foi superior à dupla Lauro Borges & Castro Barbosa, os criadores e animadores da *PRK-30*, sem dúvida formidáveis porém vassalos, como humoristas, de suas adicionais virtudes histriônicas. O humor anárquico e metalingüístico da *PRK-30* só tem graça em sua forma original, com as vozes de Megatério Nababo d'Alicerce, Otelo Trigueiro, Maria Joaquina Dobradiça da Porta Baixa e demais personagens daquela emissora descaradamente clandestina.

Havia, entre os moradores do edifício *Balança mas não cai*, um sujeito que passava o tempo todo tentando dar partida numa motocicleta. Seu intérprete, o comediante Apolo Correa (o Trancado da dupla Tancredo & Trancado), dizia apenas uma palavra: "Massachusetts". E só a dizia quando acelerava, em vão, sua moto. Assim: "Maa...ssaaaa...chu...sets! sets! sets!". Soava como um misto de xingamento e onomatopéia (de motor afogado). A seco, ou seja, lido, o bordão não tem graça — razão pela qual não foi incluído nesta coletânea. Mas também representa, a meu ver, o máximo de Max. O máximo em matéria de aproveitamento criativo das potencialidades do rádio, o império do áudio.

Max discorda: "Era uma bobagem". Não era. Foi um achado, hoje nem sequer lembrado por aqueles que ainda se recordam de outro bordão que o *Balança mas não cai* colocou na boca do povo: "Mengo, tu *é* o maior!", invocado por um fanático torcedor do Flamengo, o

Peladinho (Germano), talvez o mais memorável condômino daquela hilariante torre de Babel depois do Primo Rico e do Primo Pobre. Max foi provavelmente o criador da simplificação "Mengo".

Por mais que a gravadora Collector's se esforce em divulgar a memória daquele e outros programas radiofônicos dos anos 40 e 50, seus cassetes circulam apenas nos tape decks de uma minoria. Uma vasta maioria só se lembra, se é que se lembra, de Max Nunes por outros bordões: "Não me comprometa", "Muy amigo", "Perguntar não ofende", "Tem pai que é cego", "Criança sofre", "É aí que mora o perigo", "Querias!", " O macaco tá certo!", "Sois rei?" — todos televisivos, mais ou menos recentes e ligados à figura de Jô Soares, o alter ego artístico do humorista. Outros, inclusive com bichos (gambá, quati, curió etc.), que ele inventou, no rádio e no teatro, infelizmente se perderam na poeira do efêmero. Sempre que solicitado a exumar alguns deles, Max alega já tê-los esquecido há um tempão.

Modéstia? "Não, é arteriosclerose, mesmo", responde, zombando de uma suposta senilidade.

Suposta, mesmo. Nem mentalmente aparenta os 74 anos que já tem. E os problemas físicos que o amofinam são do tempo da televisão em preto e branco. "Sou diabético", revela. "Relaxado", acrescenta. Mais antiga ainda é a sua folclórica fobia a borboletas. Nem com dois anos de psicanálise conseguiu curar-se do pânico que os lepidópteros lhe provocam. Pior: o analista tampouco o ajudou a descobrir as causas desse medo absurdo, fonte ocasional de vexames. Tão sério é seu pânico diante de uma borboleta que, toda vez que o convidam para um fim de semana no campo, encarece ao dono da casa: "Antes de eu chegar, solte os cachorros e prenda as borboletas".

Max também sofre o diabo com a cervical. Seu lado médico reconhece que um pouco de exercício todos os dias lhe faria bem não só à coluna, mas ao corpo inteiro. Seu lado humorista, no entanto, melou tudo: "Cavalo de corrida treina o ano todo, corre como um danado, e vive de vinte a 25 anos. Tartaruga anda devagar e vive cem".

Seu lado médico não é figurativo. Max tem diploma de doutor, especializou-se em doenças do coração, como o dr. Mauro Muniz, e exerceu a profissão até a década passada, chegando mesmo a dirigir a seção de Ipanema do Instituto Brasileiro de Cardiologia. Aposentado, dedica-se hoje, em tempo integral, a outra especialidade da medicina. Poucos sabem desopilar o fígado como ele.

O dr. Mauro Muniz não entrou nessa história gratuitamente. Sua importância na vida de Max foi ainda mais determinante que a de Noel Rosa, por exemplo. De certa forma, foi graças a Mauro que Max se tornou humorista. Se não a ele diretamente, à mãe dele, d. Maria Célia. Auxiliar do comediante Barbosa Júnior, um dia d. Maria Célia leu uns versos humorísticos do colega de seu filho, achou-os engraçados e sugeriu a seu chefe a contratação do rapaz como redator. Vai daí que... bem, não nos precipitemos. Pois muito antes de começar a ganhar dinheiro escrevendo piadas, o carioca Max Newton Figueiredo Pereira Nunes foi cantor. Quem mandou nascer em Vila Isabel? E ser filho de um jornalista bem relacionado. E vizinho de Noel.

"Eu sabia que era vizinho do Noel, mas o Noel não sabia que era meu vizinho", ressalva o vizinho de Noel, nascido a 17 de abril de 1922 — portanto ariano como Chaplin e aquele pintor holandês que cortou fora a orelha.

Um belo dia, Noel ficou sabendo que Max morava ao lado.

Fatal que isso acontecesse, já que a casa de Lauro Nunes, pai de Max, era um eterno entra-e-sai de artistas, intelectuais e gozadores profissionais, como Calixto Cordeiro e Nássara. O próprio dono da casa fizera seu nome como humorista, no início do século, com o *nom de plume* de Terra de Sena. Quando se casou, Lauro mudou-se para uma casa do maestro Caldas, pai de Sílvio e Murilo Caldas, que, aliás, se cansaram de carregar Max no colo. "Até hoje os dois me chamam de 'Bili' (com acento no segundo *i*)", revela o humorista, que era chamado assim quando guri.

Em outro dia, pelo visto ainda mais belo, Noel acompanhou o pequeno Bili ao violão numa festa. Existe uma foto do momentoso evento. Max jura que não fez feio. Parece que era, de fato, um rouxinol; tanto que o apelidaram de Gargantinha de Veludo num programa infantil da PRC-8, Rádio Guanabara, em que tocava violão e interpretava sucessos de Sílvio Caldas e Orestes Barbosa. Certa vez, num concurso para meninos cantores, deixou em segundo lugar um garoto chamado Paulo Fortes, que naquele tempo, evidentemente, ainda não era um tenor.

Menos de uma década depois, avalizado por d. Maria Célia, debutava como humorista no programa *Barbosadas*, um dos maiores sucessos de Barbosa Júnior na Rádio Nacional. Quando Max entrou para a Faculdade Nacional de Medicina, Barbosa Júnior tentou arrumar-lhe algo fixo, com salário e carteira assinada, mas a Nacional não se interessou. Precisando aumentar sua renda mensal, aceitou ser indicado por Ari Vizeu e Abelardo Chacrinha Barbosa ao mandachuva da Rádio Tupi, Gilberto Martins. Este leu os escritos de Max sem dar o menor sorriso e sugeriu-lhe que deixasse seu endereço e telefone com a secretária. Num laivo de franqueza, o noviço da Vila abriu o jogo: "Olha, doutor, eu não tenho a menor intenção de fazer carreira no rádio. Eu quero ser médico e só vim aqui porque entrei para a faculdade e estou precisando de um pouco mais de dinheiro".

Uma ou duas semanas depois, a secretária de Gilberto Martins ligou. E Max foi contratado pela Tupi.

Começou fazendo um programa ao meio-dia, *A queixa do dia*, logo acumulado com o noturno *Ninguém ras-*

ga, um jornal satírico. Dois outros mais — *Dona Eva e seu Adão* e *O amigo da onça* —, e ficaria com a bola cheia. Embora trabalhasse como um mouro, não faltava a uma aula da faculdade. Tamanha era a sua obstinação na medicina que abandonou o conjunto vocal Bando Tropical (Max no violão, Miltinho no pandeiro e Nanai na percussão) quando este acertou uma temporada na Pampulha, em Belo Horizonte.

A música o marcou a vida inteira. Compunha paródias no colégio que só os colegas, professores e bedéis alvejados não apreciavam. O estilo era o mesmo que levaria para o rádio, o teatro-revista e a televisão: em cima de músicas conhecidas punha letras brincalhonas. Há muito desistiu do gênero. "Não dá para fazer paródias com as músicas que estão aí", dispara.

Também parou de compor para o Carnaval, seu forte no final dos anos 50. Motivado pelo estouro da marchinha "Peço a palavra", sátira à logorréia dos deputados baianos que muito animou os bailes de 1959, desandou a produzir temas para Dalva de Oliveira, Dircinha Batista, Blecaute e até mesmo para Clóvis Bornay ("A marcha do pompom", 1976). Nenhum memorável, exceto, claro, a marcha-rancho "Bandeira branca", gravada por Dalva de Oliveira no Carnaval de 1970.

"Esta", relembra o autor, "me foi pedida pela própria Dalva. Ela me ligou pra saber se eu tinha alguma música pronta. Vi na primeira página do *Jornal do Brasil* a foto de uma criança maltrapilha carregando uma bandeira branca em Biafra, e tive o estalo. Em vinte minutos, a marcha ficou prontinha."

Outro episódio musical curioso acontecera quatro anos antes, quando Max foi parceiro de Haroldo Barbosa numa marchinha gravada por Emilinha Borba, com o título de "Cancã no Carnaval". (Para quem já se esqueceu, é aquela que começava assim: "Tem francesinha no salão!".) A parceria não chegou a público por questões burocráticas. Como pertenciam a diferentes sociedades arrecadadoras — e a de Barbosa pagava um pouco mais —, Max preferiu abrir mão do crédito para usufruir de uma partilha mais substanciosa dos direitos autorais.

Paródias à parte, não foi para compor músicas que Vítor Costa, o chefão da Rádio Nacional, convidou Max para integrar o seu *cast* de produtores. A Nacional era em 1948 o que a TV Globo é hoje. Primeira atribuição de Max: enxertar mais graça no *Programa Manoel Barcelos*, em que Marlene reinava absoluta. Pouco tempo depois, Costa cruzou com o humorista no corredor da rádio, puxou-o para um canto e lhe expôs o motivo de suas últimas enxaquecas: Lauro Borges e Castro Barbosa não estavam dispostos a renovar contrato com a emissora. "Devem ir pra Tupi", acrescentou. "Vou ficar com um buraco na sexta-feira (às 20h30, horário da *PRK-30*) e preciso preenchê-lo com urgência. Você tem alguma idéia mais ou menos pronta?"

Max tinha. Mais ou menos, não, prontinha. Era o *Balança mas não cai.* Prometeu mostrar como o programa ficaria, mas Costa, ou porque estava sem tempo ou porque confiava cegamente em Max, limitou-se a ordenar: "Põe no ar". E a Nacional emplacou mais um campeão de audiência nas noites de sexta-feira.

Mais de uma geração de brasileiros foi marcada pelas piadas e pelos personagens do *Balança mas não cai*. Apresentado diante de um auditório, com o primeiro time de comediantes da Nacional, era um desfile de tipos pitorescos e caricaturas do carioca das ruas. Moravam todos no edifício e apareciam sempre no programa introduzidos por um locutor (Afrânio Rodrigues) que funcionava como uma espécie de porteiro com vocação para mestre-de-cerimônias. Herdeiro de um horário privilegiado, imediatamente superou em audiência todos os programas da casa. Mais tarde, virou filme (na Atlântida, a MGM das chanchadas) e espetáculo de teatro-revista, sem repetir o sucesso radiofônico.

Balança mas não cai, a revista, foi a quarta experiência de Max nesse gênero teatral. Estreada a 5 de setembro de 1951 no palco do Carlos Gomes, com um elenco de considerável reputação (Mesquitinha, Eros Volúsia, Violeta Ferraz, Armando Nascimento, José Vasconcelos, Badu, Moreira da Silva), não completou um mês em cartaz. Seu fracasso pode ser atribuído em parte à ausência em cena de seus intérpretes originais. Teria mais sorte com outra exploração de seus personagens radiofônicos na revista *Você é que é feliz, primo*, que ultrapassou a marca de cem representações nos primeiros meses de 1952.

A carreira teatral de Max foi uma decorrência natural (e quase imediata) de sua atividade na Nacional. À base de esquetes, *Balança mas não cai* tinha uma estrutura semelhante à de uma revista, só lhe faltando o recheio de coristas e cortinas musicais. Com a ajuda de J. Maia, que, segundo Max, conhecia como ninguém o tempo correto de uma piada e todas as manhas de uma ribalta, transformou-se num dos mais prolíficos revisteiros da década de 50. Em onze anos seu nome apareceu vinculado a 36 peças, montadas nos principais tablados do ramo: Carlos Gomes, Recreio, João Caetano, Jardel, Glória. Até na marquise do único teatro-revista da Zona Norte do Rio, o Madureira, comandado pela vedete Zaquia Jorge, seu nome reluziu.

À exceção da primeira peça, *A borracha é nossa*, escrita em parceria com Silvino Neto e que ficou apenas 25 dias em cartaz no Carlos Gomes, em meados de 1949, e da terceira, *Rabo de peixe*, fiasco compartilhado com Floriano Faissal, trabalhou sempre com J. Maia. Nem quando outros cúmplices (Geysa Bôscoli, Luís Iglésias, Meira Guimarães, Walter Pinto, José Mauro) entraram na jogada, Max abriu mão de seu braço direito.

Sem fugir à regra geral, alternava sátiras com figuras e fatos políticos da época (*Bonde do Catete*, em cima da eleição de Getúlio Vargas para presidente em 1950; *Não vou no golpe*, premonitória gozação no movimento golpista que culminou com o suicídio de Vargas, em agosto de 1954; *Nonô vai na raça*, sobre o presidente Juscelino Kubitschek; *Entra na canoa que a boca é boa*, sobre as mamatas eleitoreiras, com frivolidades inconseqüentes, movidas a piadas maliciosas que às vezes ficavam mais grossas que as coxas de suas coristas. Numa delas, o dono de um quati brecava assim as investidas de um comprador: "Não dou o quati por preço nenhum". A platéia vinha abaixo.

Os títulos dos espetáculos costumavam ser mais engraçados que as próprias peças (*Pente de careca é a mão*, por exemplo), sendo que pelo menos dois deles (*É de xurupito* e *Tem bububu no bobobó*) enriqueceram com novas expressões o jargão popular. Raramente uma revista ultrapassava a marca de oitenta representações. Quando *Aperta o cinto* permaneceu cinco meses em cartaz, em 1956, explorando o corpaço de Anilza Leoni e a brejeirice de Marlene, houve festa na coxia do Carlos Gomes. Não foi menos festiva a reação ao sucesso de *Vovó de bonde de burro não pega avião a jato*, que só deixou o palco do Jardel seis meses depois da estréia, em junho de 1957.

Em nenhum momento Max permitiu que suas atividades teatrais prejudicassem os seus compromissos radiofônicos, a cada ano mais numerosos. Quando deixou a Nacional, em 1952, fazia mais meia dúzia de programas além do *Balança mas não cai.* Deve ter sido nessa época que se autodefiniu pela primeira vez como "um metalúrgico do humor". Foi, aliás, para trabalhar menos e melhor que ele se transferiu para a Tupi. À parte exigir apenas um programa em seu contrato, pediu e conseguiu um salário estratosférico de 50 mil cruzeiros. Até a multa contratual de Max com a Nacional a Tupi bancou. Vítor Costa subiu pelas paredes. E vociferou: "Você está proibido de passar pela porta da Rádio Nacional".

A única conseqüência dessa ameaça foi que Max passou a fazer um percurso um pouco maior para chegar ao prédio da Tupi, na avenida Venezuela, a alguns passos da porta da Nacional, na praça Mauá. Mas valia a pena. Não só ganhava os tubos como se ocupava de um único programa, *Uma pulga na camisola*, de onde extrairia assunto para uma peça em 1953 e o título de uma das duas colunas que passou a publicar no *Diário da Noite*, a partir de 1954. Naquele mesmo ano, acertou outra em outro vespertino carioca, a *Tribuna da Imprensa.* "Era lacerdista e não resisti ao apelo do Maurício Caminha de Lacerda, irmão do Carlos", explica-se o humorista, que a despeito de seu lacerdismo ficou menos tempo (um ano) na *Tribuna da Imprensa* do que no *Diário da Noite*, onde manteve as colunas "Uma pulga na camisola" e "De cá pra lá" até 1960.

Por obra de um acordo entre a Tupi e a extinta Mayrink Veiga, que na década de 50 abrigava um butantã de humoristas, juntou-se a Haroldo Barbosa, Sérgio Porto e Chico Anysio, e lançou *A boate do Ali Babá*, embrião de futuras parcerias na TV Excelsior, seu pouso seguinte. Uma nova era se iniciava, impondo adaptações ao primado do visual. Max atravessou esse Rubicão às gargalhadas. E com mais segurança ainda depois que sentou praça na TV Globo, vitrine de sátiras inesquecíveis como *Faça humor, não faça guerra* e *O planeta dos homens*, célebres também pela consolidação de uma parceria condenada à eternidade: diante das câmeras, Jô Soares; nos bastidores, Max Nunes.

Juntos, eles inventaram personagens cujo desaparecimento deixou na orfandade milhões de telespectadores. Com Jô feliz da vida em sua nova função de entrevistador, Norminha, Capitão Gay, Zé da Galera, Sois Rei, Muy Amigo e Gondola nunca mais voltarão ao ar. Agora Jô e Max só fazem graça no formato *talk show*. "Entrei nessa aventura por causa do Jô e não me arrependo", Max confessa. "Nos chamaram de loucos quando trocamos a Globo pelo SBT. Hoje todos concordam que valeu a pena." Queixa, apenas uma: ser obrigado a viajar toda segunda-feira para São Paulo, de avião. Pior, só se fosse nas asas de uma borboleta.

Na quarta ele sempre volta para o Rio e se tranca em sua confortável casa da Gávea para uma nova rodada de trabalho no computador e outros prazeres mais conspícuos. Lê um bocado, em especial livros de história e biografias, pouca atenção dá ao veículo que o sustenta e há muito não freqüenta cinemas. Quando lhe perguntam qual foi o último filme que viu, responde: "Um com a Mary Pickford e o Rodolfo Valentino — e não foi em vídeo". Vez por outra, prestigia o show de algum comediante, em que costuma identificar piadas de sua autoria, sem o devido crédito. Generoso, limita-se a registrar a indébita apropriação na coluna das homenagens.

Outra prova de sua generosidade é a fidelidade ao América Futebol Clube. Mas nem o clube do seu coração escapa à compulsiva necessidade de tudo gozar: "O América não tem mais torcedores, tem testemunhas".

SÉRGIO AUGUSTO

ESTA OBRA FOI COMPOSTA PELA GRAPH-BOX EM BASKERVILLE E IMPRESSA PELA GRÁFICA EDITORA HAMBURG SOBRE PAPEL CHAMBRIL DA CHAMPION PARA A EDITORA SCHWARCZ EM SETEMBRO DE 1996.